孙子兵法

（珍藏版）

（第2版）

《深度文化》编委会◎译注

清华大学出版社

北京

内容简介

本书对《孙子兵法》的全文十三篇进行了深度解析，帮助读者全面了解这部国学经典。本书所采用的《孙子兵法》原文以历代权威著作为蓝本，准确可靠。注释综合百家之长，充分反映了学界研究成果。译文准确流畅，严格忠于原著。编者的解读揭示了原著的精髓，有助于读者理解古代智慧在实际的应用。此外，各篇都精心列举了古代战争中的经典战例以及现代社会中的实践案例，有助于读者充分领略《孙子兵法》的运用之妙。

本书内容丰富，结构严谨，分析讲解透彻，适合广大军迷和中小学生作为科普读物。同时，它也适用于历史学家、商业策略家、政治家、体育教练、游戏玩家、心理学者、谈判专家、教育工作者、哲学家等专业人士作为参考书籍。此外，本书亦可作为各大院校相关专业的教学辅助用书。

本书封面贴有清华大学出版社防伪标签，无标签者不得销售。

版权所有，侵权必究。举报：010-62782989，beiqinquan@tup.tsinghua.edu.cn。

图书在版编目(CIP)数据

孙子兵法：珍藏版/《深度文化》编委会译注 .
2 版 . -- 北京：清华大学出版社，2024.11（2025.7重印）. -- ISBN
978-7-302-67428-3

Ⅰ . E892.25

中国国家版本馆CIP数据核字第202492136V号

责任编辑：李玉萍
封面设计：王晓武
责任校对：周剑云
责任印制：丛怀宇
出版发行：清华大学出版社
　　　　　网址：https://www.tup.com.cn, https://www.wqxuetang.com
　　　　　地　　址：北京清华大学学研大厦A座　　邮　　编：100084
　　　　　社 总 机：010-83470000　　　　　　　邮　　购：010-62786544
　　　　　投稿与读者服务：010-62776969, c-service@tup.tsinghua.edu.cn
　　　　　质 量 反 馈：010-62772015, zhiliang@tup.tsinghua.edu.cn
印 装 者：三河市东方印刷有限公司
经　　销：全国新华书店
开　　本：146mm×210mm　　印　　张：5.875　　字　　数：226千字
版　　次：2019年7月第1版　　2024年11月第2版　　印　　次：2025年7月第2次印刷
定　　价：35.00元

产品编号：102155-01

PREFACE 前言

孙武（约前545—约前470年），字长卿，春秋末期齐国乐安（今山东省北部）人。中国春秋时期著名的军事家、政治家，尊称为"兵圣"或"孙子"，又称"兵家至圣"，被誉为"百世兵家之师"和"东方兵学的鼻祖"。孙武大约生活于公元前6世纪末至公元前5世纪初，由齐国至吴国，经吴国重臣伍员（伍子胥）举荐，向吴王阖闾呈递所著兵法十三篇，受到重用为将。他曾率领吴国军队大败楚国军队，占领楚国都城郢城，几近覆灭楚国。

孙武著有巨作《孙子兵法》十三篇，为后世兵法家所推崇，被誉为"兵学圣典"，居《武经七书》之首。他撰著的《孙子兵法》在中国乃至世界军事史、军事学术史和哲学思想史上都占有极为重要的地位，并在政治、经济、军事、文化、哲学等领域广泛运用。《孙子兵法》被译为英、法、德、日等多种文字，堪称国际上最著名的兵学典范之书。

《孙子兵法》是一部集兵法、谋略和处世智慧于一体的经典著作，被古今中外诸多名人奉为必读经典。能征善战的唐太宗李世民对《孙子兵法》的评价是"观诸兵书，无出孙武"；纵横三国的魏武帝曹操对《孙子兵法》也十分推崇，称"吾观兵书战策多矣，孙武所著深矣"；"二战"名将蒙哥马利元帅称，"世界上所有的军事学院，都应该把《孙子兵法》列为必修课程"；被誉为"汽车大王"的美国通用汽车公司总裁罗杰·史密斯，曾多次在公开演讲中表示"我成功的法宝是《孙子兵法》"；日本软银集团创始人孙正义一直熟读《孙子兵法》，并学以致用，他曾经还直接断言，"如果没有《孙子兵法》，就没有我孙正义"。

《孙子兵法》的成书时间虽然已经有两千多年，但其中的智慧对今天的我们，仍然具有非常重要的借鉴意义。2019 年，我们精心推出了《孙子兵法 (珍藏版)》一书。该书对《孙子兵法》原文进行了精确的注释，并进行了深入的解读。同时秉承"学以致用"的原则，重点分析了我国古代的多场代表性战争，在还原战争过程的同时，阐释了《孙子兵法》与这些战争的关系。此外，本书还对《孙子兵法》在现代社会非军事领域的应用情况进行了解读。书中的配图严谨、恰当，与文字一一对应，还收录了多幅传统名画。凭借内容丰富、装帧精美，该书上市以来赢得了广大读者的好评。尽管如此，该书仍然存在一些不尽完善之处，我们也收到了一些热心读者提出的宝贵建议。为此，我们决定进行修订，推出文字更精练、图片更美观的第 2 版。

　　本书是面向军事爱好者的基础图书，特别适合作为广大军事爱好者的参考资料和青少年朋友的入门读物。本书由资深军事团队编写，力求内容的全面性、趣味性和可读性。

　　本书由《深度军事》编委会编写，参与本书编写的人员有阳晓瑜、陈利华、高丽秋、龚川、何海涛、贺强、胡姝婷、黄启华、黎安芝、黎琪、黎绍文、卢刚、罗于华等人。适合广大资深军事爱好者以及有意了解国防军事知识的青少年，本书是一本优秀的读物。期待读者朋友们通过阅读本书循序渐进地提高自己的文化素养。

第1章　始计篇

秦晋淝水之战　　　　　　　/6

通用电气公司的优秀掌舵者　/10

统观全局的本田宗一郎　　　/12

第2章　作战篇

北魏拓跋焘灭夏　　　　　　/21

隋炀帝三征高句丽　　　　　/27

速战速决的英特尔　　　　　/29

第3章　谋攻篇

张仪连横破合纵　　　　　　/35

晋楚城濮之战　　　　　　　/41

艾柯卡帮助克莱斯勒

起死回生　　　　　　　　　/43

第4章　军形篇

秦赵邯郸之战　　　　　　　/52

萨尔浒之战　　　　　　　　/54

零售巨头沃尔玛　　　　　　/58

第5章　兵势篇

楚国智灭绞国　　　　　　　/66

秦赵长平之战　　　　　　　/68

哈罗斯疯狂大减价　　　　　/71

第6章　虚实篇

齐魏马陵之战　　　　　　　/79

波音公司称霸民航　　　　　/80

第7章　军争篇

蜀魏汉中之战	/88
尚婢婢斩论恐热	/91
微软拯救苹果	/92

第8章　九变篇

周亚夫平叛	/102
吴蜀夷陵之战	/104
辉煌一时的西尔斯	/108

第9章　行军篇

虎牢关之战	/122
奥尔森赏罚分明	/125

第10章　地形篇

魏灭蜀之战	/135
刘裕灭南燕	/138

聪明的马克·吐温	/141

第11章　九地篇

巨鹿之战	/151
蔡州之战	/153
巧妙解围的富兰克林	/155

第12章　火攻篇

赤壁之战	/161
鄱阳湖之战	/163
里根竞选总统	/165

第13章　用间篇

陈平离间项羽君臣	/175
韦孝宽计除斛律光	/177
巧克力间谍战	/179

参考文献 **/182**

第1章　始计篇

　　始计篇是《孙子兵法》的第一篇，主要从战略角度论述研究谋划战争的重要性，探讨影响战争胜负的基本条件，并阐述了"攻其无备，出其不意"的军事名言，包括一些战术层面上的用兵方法。

【原 文】

孙子曰：兵[1]者，国之大事，死生之地[2]，存亡之道[3]，不可不察[4]也。

故经[5]之以五事，校[6]之以计而索其情：一曰道[7]，二曰天，三曰地，四曰将，五曰法。道者，令民与上同意也，故可以与之死，可以与之生，而不畏危。天者，阴阳[8]、寒暑、时制也。地者，远近、险易、广狭、死生也。将者，智、信、仁、勇、严也。法者，曲制[9]、官道[10]、主用[11]也。凡此五者，将莫不闻，知之者胜，不知者不胜。

故校之以计而索其情，曰：主孰有道？将孰有能？天地孰得？法令孰行？兵众孰强[12]？士卒孰练[13]？赏罚孰明？吾以此知胜负矣。

将[14]听吾计，用之必胜，留之；将不听吾计，用之必败，去之。计利以听[15]，乃为之势[16]，以佐其外[17]。势者，因利而制权也。兵者，诡道也[18]。故能而示之不能，用而示之不用，近而示之远，远而示之近。利而诱之，乱而取之，实而备之[19]，强而避之，怒而挠之[20]，卑而骄之，佚而劳之，亲而离之。攻其无备，出其不意。此兵家之胜，不可先传也。

夫未战而庙[21]算胜者，得算多也；未战而庙算不胜者，得算少也。多算胜，少算不胜，而况于无算乎！吾以此观之，胜负见矣。

【注 释】

[1] 兵：兵士、兵器、军队、军事，这里指军事。

[2] 地：引申为领域。

[3] 道：道理，这里指根本道理。

[4] 察：观察、了解、考察，这里指考察。

[5] 经：经度，引申为分析、研究。

[6] 校：作动词，较量、比较。

[7] 道：道理，道路。这里可引申为治国的路线或方针政策。

[8] 阴阳：我国古代一对概括宇宙万象万物内在基本矛盾的范畴。这里是从气象和天象上讲，指天气晴雨及天象昼夜的变化。

[9] 曲制：曲，指古代军队编制较小的单位，曲制即军队的编制。

[10] 官道：官，指军队中的各级指挥员，官道即指对军队各级将领的职责划分和管理形式、管理制度。

[11] 主用：主，主持，这里可解释为掌管。用，费用，这里指军队的物资费

用。主用，就是指对军队后勤军需的管理。

[12] 强：强壮，这里指士兵体质强壮。

[13] 练：训练，这里指军士训练有素。

[14] 将：指将领或将军。

[15] 计利以听：计，计较，这里引申为衡量。计利，是指权衡利益。听，听从。

[16] 乃为之势：势，这里指形势、情势。

[17] 以佐其外：佐，辅佐，引申为有助于。其，指示代词，这里指实现战略或战役目标的计划。外，指外部环境或客观环境。

[18] 诡道也：诡，欺诈。道，这里指途径，引申为方法、计谋。诡道，指欺诈的方法和计谋。

[19] 实而备之：实，实力。这里指敌军实力雄厚。备，准备。

[20] 怒而挠之：挠，挑逗。

[21] 庙：庙算，指庙堂上的计划与谋划。

【译　文】

孙子说：军事是一个国家的头等大事，关系到军民的生死，国家的存亡，不能不慎重地观察、分析和研究。因此，必须通过敌我双方五个方面的分析，七种情况的比较，得到详情来预测战争胜负的可能性。

一是道，二是天，三是地，四是将，五是法。道，指君主和民众目标相同，意志统一，可以同生共死，而不会惧怕危险。天，指昼夜、阴晴、寒暑、四季更替。地，指地势的高低，路程的远近，地形的险要、平坦，战场的广阔、狭窄，是生地还是死地等地理条件。将，指将领足智多谋，赏罚有信，对部下真心关爱，勇敢果断，军纪严明。法，指组织结构，责权划分，人员编制，管理制度，资源保障，物资调配。关于这五个方面，将领都不能不作深刻了解。了解就能胜利，否则就不能胜利。所以，要通过对双方各种情况的考察分析，并据此加以比较，从而来预测战争胜负。哪一方的君主是有道明君，能得民心？哪一方的将领更有能力？哪一方占有天时地利？哪一方的法规、法令更能严格执行？哪一方资源更充足，装备更精良，兵员更广大？哪一方的士兵训练更有素，更有战斗力？哪一方的赏罚更公正严明？通过这些比较，我就知道了胜负。将领听从我的计策，任用他必胜，我就留下他；将领不听从我的计策，任用他必败，我就辞退他。

听从了有利于克敌制胜的计策，还要创造一种势态，作为利于我方军

事行动的外部条件。势，就是按照我方建立优势、掌握战争主动权的需要，根据具体情况采取不同的措施。用兵作战，就是诡诈。因此，有能力而装作没有能力，实际上要攻打而装作不攻打，欲攻打近处却装作攻打远处，欲攻打远处却装作攻打近处。对方贪利就用利益诱惑他，对方混乱就趁机攻取他，对方强大就要防备他，对方暴躁易怒就可以挑逗他，使其怒而失智，对方自卑而谨慎就使他骄傲自大，对方体力充沛就使其劳累，对方内部亲密团结就挑拨离间，要攻打对方没有防备的地方，在对方没有料到的时机发动进攻。这些都是军事家克敌制胜的诀窍，不可先传泄于人也。

在未战之前，经过周密的分析、比较、谋划，如果结论是我方占据的有利条件多，有八九成的胜利把握，或者我方占据的有利条件少，有六七成的胜利把握，则只有前一种情况在实战时才可能取胜。如果在战前不作周密的分析、比较，或分析、比较的结论是我方只有五成以下的胜利把握，那在实战中就不可能获胜。仅根据庙算的结果，不用实战，胜负就显而易见了。

【编者解读】

始计篇提纲挈领地阐述了取得战争胜利的关键因素，那就是"计"。这里的"计"，并不是指阴谋诡计，而是计算的意思，如果不能准确理解"计"的含义，就很难把握孙子真正的思想。

始计篇开头，首先说明了战争的重要性，"兵者，国之大事，死生之地，存亡之道，不可不察也"。所以，要"经之以五事，校之以计而索其情"。就是说战争如此重要，因此，统帅要对"五事"进行深入研究。怎么研究呢？就是"校（较）之以计"，即用计算、比较的方法进行研究。

具体比较哪"五事"呢？分别是道、天、地、将、法。对这"五事"了解的统帅，一定胜过不了解的统帅。统帅了解"五事"之后，要与敌方进行比较，"主孰有道？将孰有能？天地孰得？法令孰行？兵众孰强？士卒孰练？赏罚孰明？"即哪一方君主更有德行？哪一方将领更厉害？哪一方对自然条件更适应？哪一方兵力更多？哪一方士兵战斗力更强？哪一方赏罚更分明？详细比较以后，看我方有优势的占哪些条，对方有优势的占哪些条，这些优、劣势是孙子在战前判断胜负的依据。

孙子认为，用他的方法的将领，才能够留用；不用他的方法的将领，一定在战争中失败，坚决不能用。

孙子所强调的比较、计算，用现在的话来说，就是进行实力对比，优势多的一方，实力强一些；劣势多的一方，实力弱一些。实力强的胜算就大，实力弱的胜算就小，如果根本没有胜算，那就不要打了。战争中的实力，由两部分组成，一部分是战争中可以使用的手段，这些手段，是可以通过物质条件计算出来的，手段多，实力强；一部分是战斗意志，战斗意志虽然无法准确计算，但是可以根据一些信息进行合理的估计，意志强，实力强。实力是战争胜负的决定性因素，自古以来，从没有弱者战胜强者的先例，那些"以弱胜强"的战例，都是表面看起来弱的战胜了表面看起来强的，之所以会有"看起来"，是因为产生了漏算，忽略或缩小了某一方的优势、放大了某一方的劣势，或者偶然事件使双方实力发生了逆转——强者变弱、弱者变强。

战前进行了实力对比之后，如果想打，就要造"势"，用"势"来借力。什么是"势"呢？"因利而制权也"。"权"的原意是指砝码，秤的一端砝码重许多，这一端就"唰"地沉下去了，这就叫"势"。这句话的意思是，利用一切本方的长处，进一步增加自己的砝码，形成更大优势，尽快除掉对方。孙子要求统帅要像增加砝码一样增加本方的实力，有可能的话，还要拿掉对方的砝码，削弱对手的实力。实力差距越大，越容易分出胜负。

怎么才能做到增强自己，削弱敌人呢？孙子说，用"诡道"。首先是用假象迷惑对方，孙子举了例子——能而示之不能，用而示之不用，近而示之远，远而示之近。这样做，能让对方对我方的实力产生错判或漏算，进而作出错误的决策，一旦决策错误，对方的实力就会被削弱。然后，要围绕对方的优势和劣势做文章，孙子也举了例子——利而诱之，乱而取之，实而备之，强而避之，怒而挠之，卑而骄之，佚而劳之，亲而离之。孙子要求统帅揪住对方的弱点穷追猛打，或者躲避对手的长处使其无从发挥，或者想办法使对方劣势更明显、优势减小或丧失。

孙子这里讲的"诡道"，才是指计谋。但是所有的"诡道"都是建立在"计"的基础上，统帅要先清楚本方与对方的优势和劣势，才有条件使用"诡道"，"诡道"必须针对优势和劣势施展，不然就是无的放矢；"诡道"必须在"计利以听"之后才考虑使用，就是对比实力以后觉得没问题，可以打，再考虑用计谋进一步拉大实力差距。"诡道"只能用来"佐其外"，不能当作制胜法宝使用，比如香料能让羊肉更鲜美，能更加熟练使用香料的厨师水平也更高，但是没有大厨能仅靠香料做菜。开战时，若双方实力真的

天壤之别，即使弱方的统帅再擅长"诡道"，拼命为己方增加砝码，这个"势"，也扳不回来。

始计篇并不是一篇强调计谋重要性的作品，因为计谋是教不了的，要靠战场上的随机应变。始计篇告诉我们，战争的胜负是可以预料的，预料战争胜负的依据，就是对双方实力的判断。孙子认为，交战双方的实力是决定战争走势的根本原因。因此，战前对双方实力进行对比就尤为重要，这就需要统帅们学好"计"，更准确地知道各自的优劣势所在。

⊕ 秦晋淝水之战

西晋末年的腐败政治，引发了社会大动乱。在南方，晋琅琊王司马睿于公元317年在建康（今江苏南京）称帝，建立东晋，占据了汉水、淮河以南大部分地区。

在北方，各少数民族政权纷争迭起。由氐族人建立的前秦先后灭掉前燕、代、前凉等割据势力，统一了黄河流域。前秦寿光三年（公元357年）六月，秦主苻生欲除苻坚，苻坚先下手为强，杀掉苻生，自立为大秦天王（不称皇帝）。

苻坚自幼便有经略大志，广交豪杰，即位后更是大力整治朝野，励精图治，重用宰相王猛，使国家实力不断增强，连续消灭北方多个独立政权，成功统一北方，并攻占了东晋领有的蜀地，与东晋南北对峙。

公元375年，宰相王猛积劳成疾，临死前告诫苻坚：晋朝虽然僻处江南，但为华夏正统，且上下安和，万万不可着急图灭晋朝。

然而就在王猛去世7年后，苻坚却自认为时机已经成熟，他听信慕容垂、姚苌等野心家的鼓吹怂恿，不顾满朝文武的反对，忽视前秦连年征战、民生疲惫、统治不稳的现状，贸然征兵南下。手握百万雄师的苻坚似乎认为建康是可以挥手平定的，对于长江天险，他根本不屑一顾，大言道："以吾之众旅，投鞭于江，足断其流，何险之足恃？"

对于"不闲将略"的东晋名臣谢安，苻坚更是嗤之以鼻，甚至还预先封了谢安一个吏部尚书的职位，早早在都城为谢安起好了住宅。然而，苻坚万万没想到，正是谢安这个隐居山林20余年的风雅文人，最终成了他一统华夏最大的绊脚石。

谢安

面对前秦的百万大军压境，东晋朝野震恐，许多将领也因惧怕而不敢出战。身为前锋都督的谢玄坐不住了，前去拜访自己的叔叔谢安。然而，谢安却挥手笑笑，对谢玄抛出一句"已经有安排了"，然后就不说话了。之后谢安便开始游山玩水，饶有兴致地找了一间山野别墅，召集亲朋畅饮，并与谢玄下起了围棋。谢玄的棋艺平时要高于谢安，然而大军临境，生死存亡之际，谢玄心思压根儿不在棋上，再加上内心惶恐不安，很快输掉了棋局。

谢玄

之后，谢安就边游玩边指挥各个将领：一边要求桓冲率领 10 万荆州兵牵制前秦部队以减轻下游压力，另一边要求谢玄率领 8 万北府军正面与苻坚视情开展决战。

北府军从流民武装中吸收重组而成，他们参军前便过着茹毛饮血的生活，因而战斗力极强，且大多与北方游牧民族有血海深仇，北府军的成立无疑成为谢安手中对抗苻坚的撒手锏。

谢安的临危不乱、胸有成竹，为震恐不安的东晋朝野服下了一颗定心丸，激发了身边人抗争到底的勇气。私下，谢安又积极筹划，准备抗战，这般"镇之以安，谋之以静"的大胸襟，为东晋在这场博弈中获胜埋下了伏笔。

东晋前线部队的连连败退，更加让苻坚确信了敌人不堪一击。他得意扬扬地发兵建康，亲率步兵 60 万、骑兵 27 万，加上前锋苻融所率领的 25 万步骑，共约 112 万人开始大举南下。

倘若此时的苻坚能够稳扎稳打，待大军集结之后，一鼓作气渡江而战，可能历史就会被改写。然而此时的苻坚仰仗自己"有众百万，资杖如山"的兵力，认为东晋部队会一触即溃。

在听说前锋苻融探清东晋兵力寡弱时，苻坚更加高兴，他认为大军一到，东晋主力肯定会退守长江，不如尽快在江北消灭谢玄、谢石率领的主力部队。

在这种冒进喜功思想的影响下，苻坚率领轻骑兵 8000 人，昼夜兼程，秘密赶到寿阳与苻融会合，并派原东晋的襄阳守将朱序前往晋营劝说谢石等人投降。然而朱序却向谢石透露了前秦部队主力尚未集结的实情。

于是，谢玄立即派北府军第一猛将刘牢之率领 5000 名北府军精锐趁着夜色迎头猛击前秦梁成带领的 5 万先锋部队，猝不及防的前秦部队在夜色中看不清东晋有多少兵马，只听到东晋部队喊声震天，统帅梁成当即被刘牢之斩首，部队大溃。

这一战，打得苻坚晕头转向，他与苻融在夜色的掩护下登上城楼察看东晋军队，见其严整雄壮；又北望八公山上草木，都像人形。此时，苻坚由轻敌开始转变为怯敌，感叹道："这也是强大的敌人，怎么能说他们人少呢？"前锋部队被打败，极大地挫伤了前秦部队的士气。

谢玄见决战时机成熟，指挥部队西行与前秦部队对峙淝水。苻坚这时候再次犯错，不顾诸将阻敌淝水畔的建议，坚持采取将部队后撤，引诱东晋部队半渡淝水再展开突击的投机冒险策略。

当秦军后撤时，朱序在秦军阵后大叫"前线的秦军被打败了"，本来就畏敌如虎的秦军阵脚大乱，一发不可收。晋军紧接着全力出击渡过淝水，而秦军则一路溃败，践踏死伤的人遮蔽了山野山川，逃跑的官兵听到刮风声和鹤叫声都以为是追兵来了，冻死饿死的人不计其数，前锋苻融被乱军杀死，苻坚本人也身受重伤。

前方正在激战，后方的谢安却哼着小曲，怡然自得地与客人下着围棋。从前线派来的信使到了，谢安接过信看完，不说话，继续下棋，脸色没有丝毫变化。客人好奇地询问他，前线战事究竟如何？谢安平淡回答："小儿辈大破贼。"神态举止没有发生任何变化。然而谢安下完围棋后回到里屋，由于内心激动狂喜，走路磕绊，木屐上的齿子都碰掉了也没发觉。

淝水之战是中国历史上著名的以少胜多的战例。拥有绝对优势的前秦败给了东晋，国家也因此衰败灭亡，北方各民族纷纷脱离了前秦的统治，分裂为以后秦和后燕为主的几个政权。而东晋则趁机北伐，把边界线推进到了黄河，并且此后数十年间东晋再无外族侵略。从始计篇上来讲，苻坚不按"五事""七计"的原则行事，凭主观意愿恣意妄为，终招致兵败身死的下场。东晋君臣上下一心，天时、地利、人和样样占全，完全合乎始计篇的要求，获得胜利是必然的。

⊕ 通用电气公司的优秀掌舵者

将领带兵打仗要具备"五德"，而企业家要想在激烈的商战中取得成功，同样要做到"智、信、仁、勇、严"，美国通用电气公司（General Electric Company，GE）总裁雷金纳德·琼斯就是一个典型的例子。

雷金纳德·琼斯

通用电气公司 LOGO

　　GE 公司是一家拥有 30 多万员工的综合性电器制造公司，由于信息不灵、行事轻率，公司盲目扩张结果被 IBM 公司击败，GE 公司陷入一片混乱。在这生死存亡的关键时刻，GE 公司选择了雷金纳德·琼斯做公司新总裁，对他委以重任。

　　琼斯高瞻远瞩，果断地将电脑部门卖掉，卸去了公司一个沉重的包袱，使公司转危为安。当时，国内外企业界都在拼命地扩大生产，GE 公司的许多高级领导也想效仿，扩大公司的生产规模。琼斯冷静地考察了 GE 公司各生产部门的发展潜力和盈利状况，力排众议，果断地行使手中的权力，不但不扩大生产规模，反而把发展潜力不大的部门全部裁掉，用所得的资金大力发展前途远大的生产部门。这一高超、果断的战略性经营计划使 GE 公司在同行中处于遥遥领先地位。

　　琼斯胸怀坦荡，为人诚恳，对任何人都一视同仁。他说："一个员工，无论出身贵贱、容貌美丑、男女有别，只要技湛艺精、聪慧机敏、踏实苦干，在我公司都会获得一个舒适的生存、发展空间。"GE 公司之前从无任用女性管理者的先例，直到一位女职员在公司一种新产品的推销工作中作出重大贡献，使该产品畅销不衰，琼斯立即把她提升为她所在部门的副总经理。

琼斯在与职员交谈时，敏锐地发现一名女职员对公司的发展趋向有独到见解，便力排众议，任命她为董事会中唯一的女董事。正因如此，琼斯赢得了公司所有员工的绝对信任，人们甚至送他一个绰号——"怀抱火炉的老好人"。

不过，琼斯更喜欢称自己为"机翼下飞出的潇洒王子"。因为琼斯领导着一个拥有几十万员工的大公司，业务繁忙，但他同时兼任政府贸易审议委员会的委员。他每天的行程都安排得满满的，经常在美国各个城市之间飞来飞去。琼斯有用不尽的精力、火热的工作热情，他的脸上总是洋溢着自信的微笑。

琼斯成功带领 GE 公司走出困境，步入坦途。如今，GE 公司已成为世界上规模最庞大的电器制造公司，2000 年时市值高达 6000 亿美元。

⊕ 统观全局的本田宗一郎

1906 年，本田宗一郎出生于静冈县磐田郡光明村铁匠本田仪平家中，为家中长子。1922 年，本田宗一郎高等学校毕业，16 岁的他不顾父亲坚决反对，毅然来到东京一家汽车修理厂当学徒。6 年学徒生涯结束后，他回到家乡在滨松市开设了一家汽车修理厂，名为"技术商会滨松支店"。然而，目光远大的本田宗一郎在修理厂生意十分兴旺的时刻毅然关闭了修理厂，准备从事更富创造性的制造业。

1934 年，本田宗一郎创建了东海精机公司，并在两年后试制出了公司的第一批产品——3 万个活塞环。但是，当本田从 3 万个活塞环中精选出 50 个拿给丰田汽车公司试用时，只有 3 个是"合格"的。本田去向日本滨松高等学校一位教授请教，教授经过化验分析后告诉本田：制造活塞环的金属铁中缺少碳和硅。本田顿时从迷惘中清醒，意识到自己连最基本的知识都不懂，贸然开发新产品只能是一败涂地。

东海精机公司挣扎了几年，彻底垮掉了。本田用完了所有的积蓄，妻子不得不把家中的东西拿到当铺中去当掉。

本田宗一郎

　　本田的东海精机公司倒闭之时，正是日本"二战"战败之后。战败后的日本，人们都在为填饱肚子而奔走。日本是一个多丘陵、山地的国家，为了买到一点儿粮食，许多人不得不推着自行车，翻山越岭，奔走几十里或百余里。本田心想："如果给自行车装一台小马达，走起路来就不用这么费力了。"后来，本田把一种小型马达加以改造，用暖壶作为油箱，把自行车改造为"机器脚踏车"，推向市场后，大受欢迎。

　　至此，本田终于尝到了成功的喜悦。在经过一番思考后，他认为自己对机器制造有特殊的灵感，而摩托车又简易方便，于是毅然选择将摩托车制造作为自己的终身事业。1948 年 9 月，他在滨松设立本田技研工业株式会社，同年开始研发摩托车。

　　本田公司首先研发了"双缸 A 型"自行车，安装有辅助马达。在此基础上，1949 年 8 月，本田公司生产出了真正意义上的摩托车。1951 年，本田公司又制造出 4 缸 E 型摩托车，其性能居当时日本 90 多家摩托车厂之首。

本田公司 LOGO

本田知道，日本是个岛国，摩托车销售量有限，要想发展摩托车事业就必须将自己的产品打入世界市场。当本田雄心万丈地前往英国，参观英国人的摩托车厂和伦敦举办的马恩岛摩托车大赛时，他大吃一惊——英国摩托车的动力已达 36 马力，而日本最好的摩托车也只有 13 马力。本田心中感到惭愧，他在英国大量购买了当时最先进的摩托车零部件，又绕道去法国、意大利等摩托车制造业发达的国家参观。回国后，本田投入巨额资金，组织技术人员研发新型发动机。

5 年后，本田的研究初见成效，本田摩托第一次参加英国曼岛 TT 摩托车大赛就获得了第六名的成绩；又过了两年，本田摩托一举夺得曼岛 TT 摩托车大赛 50CC、125CC 和 250CC 三个级别的冠军，还获得了世界摩托车大赛 125CC 和 250CC 两个级别的冠军。

本田摩托冲出日本，走向了世界。本田成功了，他的产品年销量突破了 10 万辆大关。正当人们为本田庆贺的时候，本田却冷静地从成功中看到了潜在的危机，他说：“无论如何，必须更新设备。如果不拥有世界一流水平的设备，就不能拥有世界一流的产品，就不得不把市场让给其他国家世界一流的产品。”

本田公司当时的资本只有 1500 万日元，本田在遍访美国、德国、瑞典等国后，却从这些国家购入了价值 4.5 亿日元的机器设备，更新了全部的陈旧设备。本田对此的解释是：“引入这些先进设备，企业也许会因无力支付款项而倒闭，但是，不引入先进设备，企业早晚也是要倒闭的。现在虽然有倒闭的危险，但如果经营正确，那将会使企业产生更大的转机。"

实践证明，本田是正确的。先进的设备使本田公司如虎添翼，其产品的质量和数量都有了飞速发展，特别是新开发的本田摩托"超级卡波"号、"贝利"号，外形潇洒，操作简易，性能优越，深得各国摩托车爱好者的青睐，为本田公司创造了巨额利润。

时至今日，本田公司已是一个跨国汽车、摩托车生产销售集团。它的产品除汽车、摩托车外，还有发电机、农机等动力机械产品。

本田公司之所以取得这样的成就，与本田宗一郎的前瞻性思维密不可分。一直以来，本田宗一郎都善于从多个方面对企业以及企业所在的大环境进行分析研究。通过这些分析，他不仅充分了解到市场大走向，而且也充分了解了消费者的需求，选择了适当的市场目标，根据天时、地利、人和以及各方面因素科学合理地制定市场营销策略。只有统观全局做好每一个细节，才能在最后取得全局性的胜利，也就是孙子所说的"五事七计"。

本田公司的经典车型——雅阁

第 2 章　作战篇

作战篇是《孙子兵法》的第二篇，主要从战争对人力、财力和物力的依赖关系出发，着重论述了"兵贵胜，不贵久"的速胜思想，并提出"因粮于敌"等原则，充满了朴素唯物主义和辩证法的观点。

【原　文】

孙子曰：凡用兵之法，驰车[1]千驷[2]，革车[3]千乘，带甲[4]十万，千里馈粮[5]，则内外[6]之费，宾客[7]之用，胶漆[8]之材，车甲[9]之奉，日费千金[10]，然后十万之师举矣。

其用战[11]也胜，久则钝兵挫锐[12]，攻城则力屈，久暴师[13]则国用不足。夫钝兵挫锐，屈力殚货[14]，则诸侯乘其弊而起，虽有智者，不能善其后[15]矣。故兵闻拙速[16]，未睹巧之久[17]也。夫兵久而国利者，未之有也。故不尽知用兵之害者，则不能尽知用兵之利也。

善用兵者，役不再籍[18]，粮不三载[19]；取用于国[20]，因粮于敌[21]，故军食可足也。

国之贫于师者远输，远输则百姓贫；近于师者贵卖[22]，贵卖则百姓财竭，财竭则急于丘役[23]。力屈、财殚，中原内虚于家。百姓之费，十去其七；公家之费，破车罢马，甲胄矢弩，戟楯蔽橹[24]，丘牛大车，十去其六。

故智将务食于敌，食敌一钟[25]，当吾二十钟；萁秆[26]一石[27]，当吾二十石。故杀敌者，怒也；取敌之利者，货也。故车战，得车十乘以上，赏其先得者，而更其旌旗，车杂而乘之[28]，卒善而养之，是谓胜敌而益强。

故兵贵胜，不贵久。

故知兵之将，生民之司命，国家安危之主也。

【注　释】

[1] 驰车：轻型战车，即轻车，驾以四马。

[2] 千驷：千辆。四马拉车称驷。

[3] 革车：重型战车，即重车。

[4] 带甲：身披甲胄的战士。

[5] 馈粮：输送粮食。

[6] 内外：国内国外，指后方与前线。

[7] 宾客：外交使臣。

[8] 胶漆：胶与漆，指黏结修理军事装备的材料。

[9] 车甲：战车和铠甲。

[10] 千金：泛指开支大。

[11] 用战：进行战争。

[12] 钝兵挫锐：指兵力消耗，锐气挫伤。
[13] 暴师：陈兵于外，蒙受风霜雨露。
[14] 殚货：耗尽钱财。
[15] 善其后：收拾残局。
[16] 兵闻拙速：战争中只听说有笨拙的速决。
[17] 巧之久：巧妙地持久。
[18] 役不再籍：兵役不征发两次。役，兵役；籍，按名籍征役。
[19] 三载：运载多次。三并非实指。
[20] 取用于国：在国内征用粮食。
[21] 因粮于敌：从敌国取粮。
[22] 近于师者贵卖：近，靠近；师，军队；贵卖，物价高涨。
[23] 丘役：赋役。
[24] 橹：大盾。
[25] 钟：容量单位。
[26] 萁秆：萁，同萁，豆秸；秆为禾秆。秸秆皆为牛马的草料。
[27] 石：重量单位，古代以120斤为1石，约合今30公斤。
[28] 车杂而乘之：即将缴获的战车混杂在自己车阵中乘用。

【译 文】

孙子说：要兴兵作战，需做的物资准备有轻车千辆、重车千辆、全副武装的士兵十万，并向千里之外运送粮食。那么前后方的军内外开支，招待使节、策士的用度，用于武器维修的胶漆等材料费用，保养战车、甲胄的支出等，每天的开支巨大。按照这样的标准准备好之后，十万大军才可出发上战场。

因此，军队作战要求速胜，如果拖得很久则军队必然疲惫，锐气挫伤。一旦攻城，则兵力将损耗，长期在外作战还必然导致国家资源不足。如果军队因久战疲惫不堪，锐气受挫，军事实力耗尽，国内物资枯竭，其他诸侯必定趁火打劫。这样，即使足智多谋之士也无良策来挽救危亡了。所以，在实际作战中，只听说将领缺少高招难以速胜，却没有见过指挥高明巧于持久作战的。战争旷日持久而有利于国家的事，从来没有过。所以，不能详尽地了解用兵的害处，就不能全面地了解用兵的益处。

善于用兵的人，不用再次征集兵员，不用多次运送军粮。武器装备由国内供应，从敌人那里设法夺取粮食，这样军队的粮草就可以充足了。国家之所以因作战而贫困，是由于军队远征，不得不进行长途运输。长途运输必然导致百姓贫穷。驻军附近物价必然飞涨，物价飞涨必然导致物资枯竭，物资枯竭必然导致赋税和劳役加重。战场上军力耗尽、国内资源枯竭，百姓私家财产损耗十分之七。公家的财产，由于车辆破损，马匹疲惫，盔甲、弓箭、矛戟、盾牌、牛车的损耗，而耗去十分之六。

所以明智的将军，一定要在敌国解决粮草，从敌国搞到一钟的粮食，就相当于从本国起运时的二十钟，在当地取得饲料一石，相当于从本国起运时的二十石。所以，要使士兵拼死杀敌，就必须怒之，激励之。要使士兵勇于夺取敌方的军需物资，就必须以缴获的财物作为奖赏。所以，在车战中，抢夺十辆车以上的，就奖赏最先抢得战车的队伍。而夺得的战车，要立即换上我方的旗帜，把抢得的战车编入我方车队。要善待俘虏，使他们有归顺之心。这就是战胜敌人而使自己越发强大的方法。

所以，作战最重要、最有利的是速胜，最不宜的是旷日持久。真正懂得用兵之道、深知用兵利害的将帅，掌握着民众的生死，主宰着国家的安危。

【编者解读】

作战篇里所说的"作战"，并不是战斗的意思，而是指战争前的准备。春秋时期，各路诸侯相互攻伐，连年征战不断。每发动一场战争，从招募士兵、操练军队、调集物资、组织运输，到行军布阵、血肉相搏、攻城略地，直至战争结束。对交战双方来说，无论胜负，还是媾和，都要耗费大量人财物力，以至于社会的稳定和经济的发展需要很长的时间才能恢复。因此，如何以最小的投入换取最大的胜利，成了军事家们必须考虑的问题。

在作战篇中，孙子主要表达了以下四层意思。

（1）兵资巨费。主要说明战争消耗的巨大性和后勤供给的重要性。孙子首先说明了战争耗费的特点：规模大、补给线长、消耗巨大。因此，必须评估己方的国力是否能满足战争发动的后勤要求。

（2）久战则危。因为战争的消耗巨大，长期作战，会对军队士气及战斗力、基础国力和政治外交情况产生重大的不利影响，甚至造成国家危机。其中士气及战斗力的下降会直接影响战斗的胜利；国力的消耗，会引发人民的贫困与不满，造成内部动荡；综合国力的下降会降低国家的整体威慑力，引起其他国家的觊觎甚至入侵。因此,孙子提出君主、指挥者要认识到战争成本对战争的影响,以及没有有效管理战争成本带来的危害。

(3)因粮于敌。战争成本的管理,第一要提高效率,第二可以将战争成本转嫁给敌方。这种转嫁,因成本性质、物和人的属性不同,或需"取用于国",如需要熟练掌握并适应本国军队的武器装备等,或需"因粮于敌",即将成本压力尽量转嫁给敌方。

"因粮于敌"具体实施,在物的方面可以在敌方就地补给,可以将敌方的作战物资甚至先进、可用的武器装备归为己用,也可以使用敌方财货奖励有功人员,激发士兵的作战欲望。而在人的方面,一方面,利用敌方行为激发己方士兵的仇恨,起到鼓舞作战的作用;另一方面,对于俘获的敌军,要善待和合理利用,可以达到瓦解对方军心、增强我方实力的作用。

(4)兵贵神速。战争成本无论如何转嫁,仍然会给作战双方的国家、人民带来痛苦,孙子希望的还是尽快结束战争,同时,也是遵循军事的客观规律,因此提出速胜的思想。而且提出了"拙速"和"巧久"两个说法,"拙速"的理解不止一种,这里尝试理解为作战要有扎实的基础,高效的战斗执行。"拙",是相对于"巧",是为了强调扎实,包括战斗物资、人员的扎实准备、敌我信息的准确掌握,作战目标的明确清晰,这些都是保证胜利的基础,不能取巧,要"厚拙"。"速"包括行军、部署、作战等的坚决迅速,令行禁止,对瞬息万变的战场情况的快速、准确应对等。而投机取巧、犹豫不决、贻误战机造成战争旷日持久,是无法赢得胜利的。

◎ 北魏拓跋焘灭夏

公元 5 世纪初,中原陷入了五胡十六国的混乱局面。在这一轮惨烈的洗牌中，居于北方的鲜卑人强势崛起，建立了最初的北魏政权。北魏三代君主用了几十年时间，陆续占领了今天的河北、山西、山东和河南等地。在南部打败了北伐的刘宋军队，在北部击败了南下的柔然部落。这让北魏成为北方最强大的割据势力。

北魏的太武帝拓跋焘继位后，有意消灭残存在其周围的西秦、胡夏、西凉等国，完成统一北方的大业。但在具体的战略目标上，却犹豫不定。

此时北魏在北方最大的对手，是盘踞在今天关中和内蒙古鄂尔多斯一带的胡夏国。胡夏的开国皇帝是匈奴人赫连勃勃，残暴好战却也智勇双全。他在位于河套地区的黑水河畔，修筑了著名的统万城作为其统治的核心根据地。当地不仅是南匈奴数百年来内迁后的聚居地，也是向北连通草原路线的一个战略基地。胡夏就依靠关中与河套两地，东拒北魏，西窥凉州。对于北魏来说，这就是一头卧榻旁的猛虎，让其日夜不安。

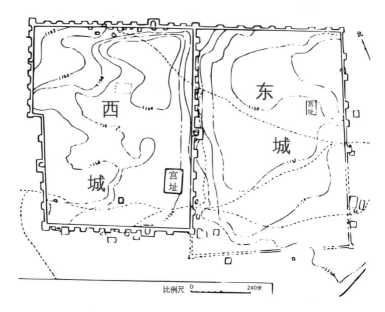

统万城平面图

但让拓跋焘忧心的是，一旦北魏全军进攻胡夏，北方的柔然必然趁机南下偷袭。在北魏与刘宋的战争中，类似的情况就发生过一次，让其最终胜而无功。但如果先打柔然，那么刘宋和胡夏又不免趁机来攻。

第 2 章　作战篇

统万城遗址一隅

在举棋不定之际，拓跋焘率领鲜卑骑兵主力，来到夏与柔然接壤的阴山山麓田猎放牧，操演兵马。此举也是为了观望形势，寻找出兵的时机。

最终，打破僵局的是赫连勃勃的去世和夏国因为传位爆发的内乱。太武帝拓跋焘通过间谍侦知，自赫连勃勃死后，夏主赫连昌仓促继位。因为之前的夏国诸王子互相攻杀，导致关中大乱，人心浮动。北魏大军因此才下定决心攻夏。

魏兵分三路攻入夏国领土。司空奚斤率领 4.5 万兵力进攻蒲坂（今山西永济）作为正面牵制。宋兵将军周概率领偏师 1 万人，作为奇兵进攻陕城（今陕西陕州区）。主力由拓跋焘率领，从北魏都城平城出发，渡过黄河直取胡夏的都城统万城。

北魏在此时出兵，还看中了胡夏国内兵力空虚的弱点。原来，胡夏这时候正在举全国之兵和西面的西秦激烈交战，国内一时间难以调集拦截北魏军的强大军力。公元 426 年 11 月，拓跋焘率领北魏主力渡过黄河后，留下大军在后，亲自率领 1.8 万人的骑兵部队，日夜兼程奔袭统万城。他试图以闪电战，打夏军一个措手不及，趁乱夺取城池。

拓跋焘之所以采取这样冒险的策略，是因为他很清楚统万城不是一座普通的城池。统万城南俯关中，北接中国最好的马场河套地区，向西进入河西走廊，向东窥视山西，地理位置非常重要。即使赫连勃勃攻下长安后，依然选择统万城作为夏国的国都，并倾注大量人力和物力来建造一座坚不可摧的城池。

夏国为了修筑统万城，投入劳役10万人，并以胡人叱干阿利作为工程师。此人在修造方面的水平极高，且为人苛刻到了残酷的程度。他最有名的一件事就是命造甲匠穿着自己造的甲胄，命造弓匠用自己造的弓射之。甲胄射破则斩造甲人，箭矢穿不透则斩造弓人。统万城也是在这种原则下指导修建的。一段城墙造好后，即派武士以铁锥凿之，穿入一寸则杀筑城工匠。

此外，统万城还是一座防御工事比同时代中原城池更先进的城池。城池本身不但分为郭城和内城二重，且内城分东西二城互为犄角。外城上筑有马面，可以将火力覆盖到城下死角。这些巨大的马面和四方的楼台内部都是中空的，可以藏兵屯粮，在交战时调动非常方便。这也是领先于当时中原筑城技术的一种设计。

要想攻下这么一座在当时的中原看起来超时代的城池，进攻一方必须付出巨大的努力，还需要有足够的时间。这一点正是北魏君臣都非常担心的。在出兵之前，北魏大臣长孙嵩就劝谏："如果敌人死守统万城，以逸待劳。我军攻城不下，柔然乘虚前来攻打，我们怎么办？"

拓跋焘也是基于这样的担心，宁可甩开主力，使用机动性最强的一部分骑兵，以图达到攻击的突然性。他希望能在夏军来不及防守的短暂时间，用骑兵突破城门，达到夺取统万城的目的。

事实证明拓跋焘的这次大胆冒险，至少取得了部分成功。当鲜卑轻骑兵突然出现在统万城附近的郊野时，夏国上下显然没有任何防备。胡夏国皇帝赫连昌正在宴请群臣，听到魏军杀到，君臣失色。皇帝立即率领禁卫军出城迎敌，结果连阵势都没列好，就被魏军骑兵击败。

按照既定计划，拓跋焘命令骑兵紧紧追击败逃的敌军，试图跟着败军一起冲进城中夺取统万城。少数鲜卑骑兵就这样跟着混乱的败军，冲入了统万城的外城，并顺利冲入西内城，在西内城的西门放起火来。

就在这千钧一发之际，统万城发挥了强大的防御力。从各藏兵处和暗道冲出的伏兵重新夺回并关闭了西门。冲入内城的少数魏军几乎全部被歼灭，只有领队的军官冒死越过内城城墙，在混乱中逃出了城池。

在夺城行动失败后，仅有轻骑兵的北魏军属轻骑的北魏军就不可能再依靠正规攻城战来夺取统万城了。拓跋焘心中却已经有了再次攻略统万的计划。他一面对左右说："统万城不可得也，他年当与卿等取之。"一面派出骑兵在城郊四处焚掠，杀获平民数万人，掠夺牛马十余万头，并将城郊居民万余家迁移到魏国。清空统万城郊野后，魏军退兵返回了自己的首都平城。

第一次统万城之战，还造成了一个意想不到的战果。魏军兵临京师城下，并将城郊四下杀戮的消息传到了夏国各地守军的耳中。蒲坂守军认为统万城已经沦陷，于是在魏将司空奚斤还没到来时就仓皇撤走，蒲坂军的不战而撤，引发了夏国防线的大崩溃。驻守长安的赫连昌之弟赫连助兴也弃城连夜奔逃。司空奚斤率军攻入长安后，迅速分兵出击，占领了整个关中之地。胡夏的南方领土全部沦陷，只能聚兵于统万城附近，准备迎击北魏的再次进攻。

公元427年，魏夏战争进入第二年。夏国稍从溃败中恢复，就立即命平原公赫连定率军对关中魏军大举反击。

魏国方面，自公元426年闪电战夺城未果后，决定周密准备，对统万城进行第二次围攻。为此，拓跋焘下令在阴山砍伐树木，建造攻城器械。又命令驻扎长安的魏军坚守战线，最大限度地牵制夏国兵力。最后，他还派人在黄河上架桥，预备渡过重型攻城器械。

5月9日，魏军开始渡过黄河，展开第二次统万城攻坚战。这一次魏军派出精骑3000人作为先锋，他们是早期魏军中为数不多的具装骑兵。紧随其后的是作为野战军主力的3万轻骑兵和3万步兵。殿后的还有搬运攻城器械的3万名征召士兵。大军在拔邻山屯驻休整后，拓跋焘决定率领3万轻骑兵先行前进，展开第二次骑兵袭击战。

鉴于第一次骑兵袭击战的徒劳无功，魏国群臣都建议不如等待步兵和攻器具到齐后举行强攻。拓跋焘却不以为然地说道："用兵之道，攻城为下。如果全军俱到而强攻，夏军必然害怕闭门坚守。一时不能攻取，粮尽兵疲，进退无道，不是上策。不如骑兵先往。敌人看见我军不是全军来攻，必然有所怠慢。再用弱兵将守军引诱出来，进行决战。我军深入敌境二千余里，退路已经被黄河切断，正是兵法上所说置之死地而后生的局面。虽然不能马上攻陷统万城，却可以将城中守军在野战中消灭掉。"

魏军骑兵集团渡过黑水后，在6月抵达统万城郊外。此次魏军实行了极好的隐蔽机动，将大部分骑兵埋伏在城外的山谷中，仅派出人数不多的一支诱敌部队，公开向统万城中的夏军挑战。

此时，胡夏军中有将领投降到魏军一边，报告了夏军具体的防御部署。

夏主赫连昌率领禁卫军死守统万城，平原公赫连定则先打败南线魏军，夺取长安。再以得胜之师回救首都，内外夹击歼灭统万城方向的魏军。

拓跋焘为了改变魏军顿兵城下的不利局面，于是使用了间谍。他派人假扮从魏军中逃跑的士兵，对赫连昌散布假消息。赫连昌被告知魏军骑兵是在孤军冒进，已经断粮数天，且辎重未到，士兵都只能以野菜果腹的假情报。结果，胡夏皇帝抛弃了既定的闭门守城战略，派出步骑兵3万人出城迎战魏军。

两军交战不久，魏军诱敌部队就全军假装败退。夏军步骑兵大举追击，前后一共跑了五六里。这时魏军突然回师展开反击，将冲在前面的夏军主力骑兵包围后消灭。残存的夏军以步兵结阵，坚守不动。夏军步兵战斗力相当可观，在遭到鲜卑轻骑兵猛烈冲击时，他们不但没有出现溃散的迹象，反而稍稍向前，用严整的阵形完全压制了骑兵的冲锋。

此时在魏军正面，突然刮起了风雨，逆风作战让他们的处境更加不利。拓跋焘当机立断，展开草原骑兵惯用的迂回战术，命轻骑兵两翼包抄敌后，将逆风作战的不利局面化为有利的顺风作战。

完成迂回的鲜卑骑兵，又分左右两路从夏军身后杀出。夏军步兵被四面围攻，阵势崩溃。魏军杀死胡夏的河南公赫连满和大将赫连蒙逊，斩敌军万余人。

夏主赫连昌随着败退的夏军向统万城方向退却。拓跋焘吸取了第一次统万城之战的教训，命令轻骑兵队对败兵紧追不舍。在魏军急速追击下，赫连昌竟然来不及进入统万城，被迫携数百骑奔向西南的上邽郡躲避。

6月3日，魏军正式宣告占领了统万城。他们俘虏了夏国官员、后妃等共万余人。号称缴获马匹30余万，牛羊数千万，珍宝不计其数。

统万城的失陷，使夏国丧失了立国的基础。在上邽方向的夏国残余，虽然组织了几次有力的反击，甚至还创造攻灭西秦的奇迹，但丝毫无法挽救大局。公元432年，同出鲜卑一系的吐谷浑部偷袭夏军，俘虏最后一代夏国国主赫连定。赫连定交给魏国后处死，胡夏国宣告灭亡。

在灭夏战争中，拓跋焘对于孙子"兵贵胜，不贵久"的作战思想有着深刻的理解，作战指挥果断灵活，避免了陷入旷日持久、进退两难的境地，较好地完成了统万城攻坚战，推动了北方由分裂走向统一的进程。

隋炀帝三征高句丽

如果说北魏军队攻破统万城是孙子"兵贵胜,不贵久"思想的绝佳例证,那么隋炀帝三征高句丽则是典型的反面教材。

隋朝的开国皇帝杨坚是个很有作为的皇帝,建国之后采取了一系列军政和经济改革,使隋朝很快走上了巅峰。隋炀帝杨广即位后更是采取积极的对外进攻战略,征服了契丹、琉球、吐谷浑等周边强国,迅速崛起。此时的高句丽已经成为东北地区一个较大的国家,国都在西汉乐浪郡的故地平壤城。杨广是一个野心极大的人,对高句丽的战争是早晚的事。

隋炀帝

公元607年,隋炀帝北巡至突厥启民可汗大营,遇到高句丽使者。隋炀帝以高句丽本是箕子所封之地,汉、晋时皆为所辖的郡县,命使者转告高句丽国王高元速来朝见,不然将率大军巡游高句丽国土。高句丽国王闻报甚为恐惧,一直未前往。

公元611年,隋炀帝以高句丽不遵臣礼为由,下诏征讨高句丽,命天下兵卒,不论远近,都于明年春天到涿郡集中。公元612年正月,全国应征的士卒全部到达涿郡。隋炀帝将军队分成左右12军,全军共计113万人,号称200万人,统由隋炀帝亲自指挥。各军首尾相接,鼓角相闻,旌旗相连长达千里，声势浩大，史称"近古出师之盛，未之有也"。

三月，隋军进至辽水西岸展开。高句丽军依辽水据守，隋先头渡河的左屯卫大将军麦铁杖等战死。数日后隋军浮桥接成，依次渡河，歼灭东岸的高句丽军万余人，乘胜进围辽东城。每当城池将陷时，守军便用缓兵之计，诸将为隋炀帝训令束缚，不敢专擅，致使辽东城久攻不下，数十万大军困顿于坚城之下。

六月，隋炀帝亲至辽东城督诸军攻城，同时命左翊卫大将军宇文述等九军共30.5万人，越过高句丽诸城，向鸭绿水挺进，与水军配合攻打平壤。高句丽大将乙支文德采取诱敌深入的计策，宇文述军一日七胜，很快渡过萨水，进至距平壤三十里处。乙支文德佯为请和，宇文述见将士疲惫已极，且军中粮尽，平壤城又坚固难拔，遂被迫还师。高句丽军乘其后撤，从四面抄击隋军。宇文述等且战且退，至萨水被高句丽军半渡击之，殿后的左屯卫大将军辛世雄战死，诸军皆溃，退至辽东城时仅余2700人。右翊卫大将军来护儿率水军经海道入大同江，在距平壤六十里处击败高句丽军，乘胜以精甲4万攻城，遇伏大败，还者不过数千人，退屯海边。及闻宇文述兵败，亦引军还。八月底，隋炀帝下令撤军，第一次征高句丽以惨败告终。

公元613年，隋炀帝再次御驾亲征高句丽。此次出征，隋炀帝接受上次教训，允许诸将"便宜从事"。隋军包围辽东城，昼夜不停地连续攻城20余日。正当辽东城岌岌可危时，礼部尚书杨玄感在黎阳起兵反隋。隋炀帝大惊，不得不密令撤军，军资、器械、攻具及营垒等皆弃之。第二次征高句丽又虎头蛇尾地收场了。

公元614年，隋炀帝发动第三次攻高句丽之战。右骁卫大将军来护儿在毕奢城大败高句丽军，并乘胜向平壤进发。届时高句丽因连年作战，已困弊不堪，无力再战，乃遣使请降，并将公元613年叛隋奔高句丽的兵部侍郎斛斯政送还。隋炀帝见已挽回两败之辱，遂班师还朝。

三次对高句丽的战争，隋朝损失巨大。在第一次对高句丽的战争中，用于正面作战的部队就达到了100多万，而后勤保障就更无法计算了，从江淮地区向遥远的辽东地区运送战略物资，难度可想而知，由于道路遥远曲折和运送过程中的消耗，导致前线粮食紧缺。此外，前线指挥过于保守，所有决策都要由杨广一个人来裁决，这就导致了作战不灵活，不能把握战机。最要命的就是杨广是一个不懂军事的人，导致百万大军无法发挥力量上的优势，基本上没有采取任何有效的战略战术。

三征高句丽给隋朝的统治带来了十分负面的影响。三次大规模的征战，不仅严重损耗了隋朝的国力，也使百姓民不聊生，严重激化了阶级矛盾，最终导致了隋末农民起义的爆发。

速战速决的英特尔

2009 年 11 月 12 日，AMD 与英特尔达成和解协议，结束了双方长达 22 年的争端。根据协议，AMD 和英特尔将根据一份新的 5 年交叉授权协议获得专利使用权。两家公司将放弃对此前违反专利协议的所有索赔，英特尔向 AMD 支付 12.5 亿美元。英特尔还同意遵守一系列商业操作规定。因此，AMD 将放弃所有已提出的针对英特尔的诉讼，包括在美国特拉华州联邦地区法院提出的诉讼以及两起在日本提出的诉讼。AMD 还将撤销在全球范围内向监管部门提出的所有申诉。一纸协议结束了双方的法律争端，使他们都能专注于产品的创新与发展。

英特尔公司 LOGO

英特尔之所以作出让步，支付 12.5 亿美元给 AMD 以达成和解，是事出有因的。作为全球最大的半导体公司，英特尔在计算机处理器市场上占据了垄断地位，正是这垄断地位使英特尔在全球范围内处在风口浪尖上。一方面，在商业上，英特尔与 AMD 之间存在旷日持久的专利权官司；同时，AMD 在各地也向监管部门提起了英特尔滥用垄断地位的申诉，使英特尔疲于应付。另一方面，更要命的是欧盟对英特尔提起诉讼，指控英特尔贿赂供应商，要求后者不使用 AMD 的产品，预计将对英特尔处以 15.6 亿美元的反垄断罚款；在美国，纽约州检察总长安德鲁·库默在特拉华州联邦地区法院对英特尔提起反垄断指控；韩国监管机构称，英特尔贿赂两家电脑厂商以阻止其购买 AMD 的芯片，接着各国纷纷跟进，大有墙倒众人推之势。

AMD

AMD 公司 LOGO

面对如此凶险的局面，英特尔当机立断，在短时间内与 AMD 达成了和解协议。这样搞定了受害者 AMD，AMD 撤销申诉及起诉，各国要惩罚英特尔，就有点儿理由不足了。支付给 AMD 的 12.5 亿美元，只不过相当于英特尔一周的收入而已。英特尔的果断决定，使其勉强迈过了这个关口。

而在 20 世纪 80 年代，也就在 AMD 与英特尔之间的一次争端中，英特尔故意拖延，使 AMD 受伤很深。当时，英特尔授权 AMD 生产 X86 架构的处理器，授权期为 5 年，在双方的共同努力下，很快 X86 架构的处理器成为电脑市场的主角，锁定了个人电脑技术发展路径。然而，为了独霸市场，英特尔开始逐渐收回各种技术授权，1987 年提前收回了对 AMD 的技术授权。被打得措手不及的 AMD 只能用法律武器保护自己的权益。

官司一打就是 5 年，1992 年法院裁定 AMD 可获得 1000 万美元的赔偿加上判决前的利息，以及对 386 微处理器中的任何知识产权（包括 X86 指令集）的一项永久的、非排他性的、免专利费的许可权。官司是打赢了，执行又拖了两年，这场官司前后耗费了 AMD 长达 7 年的精力。而英特尔在这 7 年中，一点儿也没闲着，在处理器市场上深耕细作，处理器更新换代了好几代。而 AMD 的处理器业务却在这段时间内停滞不前，错过了黄金发展期。

这样，英特尔用速战速决渡过了难关，用久拖不决拖垮了竞争对手

第3章　谋攻篇

谋攻篇是《孙子兵法》的第三篇，提出了"上兵伐谋""不战而屈人之兵"等杰出的思想学说。该篇在全书中处于承上启下的关键位置，既承上之能否打仗的根本决策，又启下之各类实战部署的具体方针或原则。

【原　文】

孙子曰：凡用兵之法，全国[1]为上，破国次之；全军[2]为上，破军次之；全旅为上，破旅次之；全卒为上，破卒次之；全伍为上；破伍次之。是故百战百胜，非善之善者也；不战而屈人之兵，善之善者也。

故上兵伐谋[3]，其次伐交，其次伐兵，其下攻城。攻城之法，为不得已，修橹轒辒[4]，具器械，三月而后成，距堙，又三月而后已。将不胜其忿而蚁附[5]之，杀士卒三分之一，而城不拔者，此攻之灾也。

故善用兵者，屈人之兵而非战也，拔人之城而非攻也，毁人之国而非久[6]也。

必以全争于天下[7]，故兵不顿[8]而利可全，此谋攻[9]之法也。

故用兵之法，十则围之[10]，五则攻之，倍则分之[11]，敌则能战之，少则能逃之[12]，不若则能避之。故小敌之坚[13]，大敌之擒[14]也。

夫将者，国之辅[15]也，辅周则国必强，辅隙则国必弱。

故君之所以患于军者三：不知军之不可以进，而谓之进；不知军之不可以退，而谓之退，是谓縻军[16]。不知三军之事，而同三军之政[17]，则军士惑[18]矣。不知三军之权，而同三军之任，则军士疑矣。三军既惑且疑，则诸侯之难至矣，是谓乱军引胜。

故知胜有五：知可以战与不可以战者胜，识众寡之用[19]者胜，上下同欲[20]者胜，以虞[21]待不虞者胜，将能而君不御者胜。此五者，知胜之道[22]也。

故曰：知彼知己者，百战不殆[23]；不知彼而知己，一胜一负；不知彼不知己，每战必殆。

【注　释】

[1] 全国：全，完整、完全，这里作动词，指完全地占有。全国：指完整地占有别国的领土。

[2] 全军：军，春秋时期军队的编制，每军为12500人。旅：春秋时期军队的编制，每旅为500人。卒：春秋时期军队的编制，每卒为100人。伍：春秋时期军队的编制，每伍5人。

[3] 上兵伐谋：上，上等，最好的。兵，指用兵方法。伐，攻击。谋，计谋。

[4] 修橹：修，建造；橹，一种用藤草制成的大盾牌。轒辒：一种用桃木制成四周用牛皮遮蔽的大型攻城战车。

[5] 蚁附：蚁，蚂蚁；附，依附。
[6] 久：这里指旷日持久的战争。
[7] 必以全争于天下：这里指的是对敌国的全国、全军、全旅、全卒、全伍的胜利。
[8] 顿：通"钝"，疲惫、挫折。
[9] 谋攻：用计谋进行攻伐。
[10] 十则围之：十，这里指的是十倍。围，包围。
[11] 倍则分之：分，分开。
[12] 少则能逃之：少，指我方兵力的数量比敌军少。
[13] 小敌之坚：坚，坚固，引申为硬拼。
[14] 大敌之擒：战争中兵力强大的一方。
[15] 国之辅：国，这里指国君。
[16] 縻军：縻，羁縻。指束缚军队的行动。
[17] 三军之政：三军，指我国古代作战设置的上、中、下或左、中、右三军，亦可泛指军队。政，是指政务。
[18] 惑：困惑。
[19] 识众寡之用：识，了解。众多。寡，寡少。识众寡之用，了解用众多的兵力或者用人数少的兵力的各种战法。
[20] 上下同欲：君主或统帅和下级军官有相同的欲望。
[21] 虞：料想，这里引申为牵制，掣肘。
[22] 知胜之道：能预测胜利的方法。
[23] 殆：危险。

【译 文】

孙子说，战争的原则是：使敌人举国降服是上策，用武力击破敌国就次一等；使敌人全军降服是上策，击败敌军就次一等；使敌人全旅降服是上策，击破敌旅就次一等；使敌人全卒降服是上策，击破敌卒就次一等；使敌人全伍降服是上策，击破敌伍就次一等。

所以，百战百胜，算不上是最高明的；不通过交战就降服全体敌人，才是最高明的。所以，上等的军事行动是用谋略挫败敌方的战略意图或战争行为，其次就是用外交战胜敌人，再次是用武力击败敌军，最下之策是攻打敌人的城池。攻城，是不得已而为之，是没有办法的办法。制造大盾牌和四轮车，准备攻城的所有器具，起码得三个月。堆筑攻城的土山，起码又得三个月。如果将领难以抑制焦躁情绪，命令士兵像蚂蚁一样爬墙攻城，尽管士兵死伤三分之一，而城池却依然没有攻下，这就是攻城带来的灾难。所以善用兵者，不通过打仗就使敌人屈服，不通过攻城就使敌城投降，摧毁敌国不需要长期作战，一定要用"全胜"的策略争胜于天下，从而既不使国力兵力受挫，又获得了全面胜利的利益。这就是谋攻的方法。

所以，在实际作战中运用的原则是：我十倍于敌，就实施围歼，五倍于敌就实施进攻，两倍于敌就要努力战胜敌军，势均力敌则设法分散并各个击破。兵力弱于敌人，就避免作战。所以，弱小的一方若死拼固守，那就会成为强大敌人的俘虏。

将帅，国家之辅助也。辅助之谋缜密周详，则国家必然强大，辅助之谋疏漏失当，则国家必然衰弱。所以，国君对军队的危害有三种：不知道军队不可以前进而下令前进，不知道军队不可以后退而下令后退，这叫作束缚军队；不知道军队的战守之事、内部事务而统理三军之政，将士们会无所适从；不知道军队战略战术的权宜变化，却干预军队的指挥，将士就会疑虑。军队既无所适从，又疑虑重重，诸侯就会趁机兴兵作难。这就是自乱其军，坐失胜机。

所以，预见胜利有五个方面：能准确判断仗能打或不能打的，胜；知道根据敌我双方兵力的多少采取对策者，胜；全国上下，全军上下，意愿一致、同心协力的，胜；以有充分准备来对付毫无准备的，胜；主将精通军事、精于权变，君主又不加干预的，胜。以上就是预见胜利的方法。所以说：了解敌方也了解自己，每一次战斗都不会有危险；不了解对方但了解自己，胜负的概率各半；既不了解对方又不了解自己，每战必败。

【编者解读】

谋攻篇重点体现了孙子的"全胜""谋攻"的军事思想，在作战中应使用相对的优势兵力及"知己知彼，百战不殆"的思想。

孙子认为战争的最佳状态是"全胜"——"全国、全军、全旅、全卒、全伍"，然后说明了原因："百战百胜，非善之善者。"因为战胜敌人也需要消耗自己，而多次没有彻底解决战争问题，说明没有有效达成战略目标，即没有"速胜"。因此，"不战而屈人之兵，善之善者"，如果必须作战，也要尽快，最好一次性解决战斗。

"全胜"的最好方法是"谋攻",首先"谋攻"最高明的手段是战前就挫败敌人的谋略,使敌人"知难而退,知难而降";其次的办法是瓦解敌人的政治、外交同盟,使敌人不战自乱;然后才是通过作战打败敌人的军队,攻占敌人的城池,而攻城是战争损失最大的作战方式。而"谋攻"能起到"屈兵非战、拔城非攻、毁国非久、兵不顿而利可全"的作用,最大限度降低了战争损耗,达成战争目的。

实际战争中并非每次都能"不战而屈人之兵",因此,实际的"短兵相接"是不得不面对的事实。在这种情况下,要根据敌我相对兵力、战力情况的合理选择。如果我方战力超过敌方,应该利用优势兵力瓦解、战胜敌人;如果我方战力弱于敌方,应该"避其锋芒",积极分化敌人,寻找战机,创造相对优势,逐步战胜敌人。此处也体现了孙子通篇战争实际上还是要以实力取胜的思想。

战争中君主与将领的关系,也是必须重视的问题。固然要求君主知兵信将。作为将领,不仅要懂军事,也要懂政治。了解君主的思想、行为的一般规律,关键时刻敢于"将在外军令有所不受",同时要善于"纳谏",通过合理方式,让后方了解前方所采取的军事行动的必要性。

孙子又进一步阐述了君主应该了解的"三患""五胜",这是君主与将领在战前应该达成的共识,并在战争中严格遵守,才能保持整个国家战争机器的高效运行。这一点也是"知己"的重要方面,了解并重视"三患""五胜",可以减少因盲目"求胜而不算败"产生的决策失误——指挥决策要"先算败,后算胜",这也符合后篇孙子提出"立于不败之地"的思想。

因此,知己与知彼同样重要,是保证正确战争决策的基础。

张仪连横破合纵

战国时期,秦国经过商鞅变法,经济得到快速发展,军队战斗力不断增强，发展成为战国后期最富强的集权国家。潼关以东的六国面对秦国咄咄逼人之势，有些不知所措。于是，苏秦从地缘利害出发，提出了合纵抗秦战略。公元前333年，苏秦的游说取得了成功，六国使节在洹水（今河南安阳）会盟，结成抗秦联盟。苏秦担任"纵约长"，兼佩六国相印。

张仪是魏国人，与苏秦同为纵横家鬼谷子的学生，精通纵横捭阖之术。在苏秦挂六国相印之后，张仪西去投秦。公元前328年，秦惠文王任张仪为客卿，与他共商攻打各国诸侯的大计。同年，秦惠文王派遣公子华和张仪围攻魏国的蒲阳，攻打并占领了蒲阳。张仪乘机推行自己的连横政策，建议秦王把蒲阳归还魏国，并且派公子繇到魏国去做人质，而他将利用护送公子繇入魏的机会与魏王接近，游说魏王投靠秦国。

入魏后，张仪对魏王说："秦国对待魏国可是真心实意的好啊！得到城邑不要不说，反而又送人质来到魏国，魏国怎么说也不应对秦国失去礼节呀，应该想办法来报答一下吧？""怎样来报答呢？"魏王问道。"秦国只喜欢土地，魏国如果能送一些地方给秦国，秦国一定会把魏国视为兄弟之国。如果秦魏结成联盟，合兵讨伐其他诸侯国，魏国将来从别的国家取得的土地肯定会比送给秦国的土地多很多倍。"魏王被张仪说动了心，于是把上郡十五县和河西重镇少梁献给了秦国，从此秦魏和好。张仪的连横政策首战告捷。至此，黄河以西地区全部归秦所有。

张仪

张仪回到秦国后,立即被秦惠文王提拔为相,代替了公孙衍的大良造职位。公孙衍因得不到重用遂离秦奔魏。

公元前326年,秦惠文王任命张仪为将,率兵攻取魏国的陕,并将魏人赶走,同时在上郡筑关塞。这一事件引起魏国的极大惶恐,于是接连两次与齐威王相会,试图依靠齐国对抗秦国。由于张仪从中挑拨离间,又极力为秦国拉拢齐国和楚国,齐国不仅不帮助魏国,反而与楚国共同打击魏国。由秦归魏的公孙衍趁机发动"五国相王",使魏、韩、赵、燕、中山五国互相尊重,同时称王,结成联盟,借以增强魏国的防御力量。楚国却迎头给魏国浇了一头冷水,就在"五国相王"的当年,发兵攻魏,在襄陵大败魏军,占领了八个城邑。

由于齐、楚的破坏,五国相王没有获得预期效果,因而魏惠王更加憎恨齐、楚二国。张仪又代表秦国使用了更为狡猾的手段:公元前323年,张仪约集齐、楚、魏三国执政大臣在挈桑相会,试图为魏国调停,以讨好和拉拢魏国。魏惠王在此后果然放弃公孙衍的合纵政策,而接受了张仪的联合秦、韩以对付齐、楚的政策。

为了使魏国进一步臣服于秦国,张仪于公元前322年辞掉秦国相位,前往魏国。魏王因其大名,立即用他为相。张仪当上魏相以后,便寻机为秦国拉拢魏王。

"魏国土地纵横不到千里,士兵不超过三十万。四周地势平坦,各国从四面八方都可以进攻,没有大山大河的阻隔。从新郑到大梁只有两百余里,战车驰骋,士兵奔走,不费多大力气就到。魏国南边跟楚国接境,西边跟韩国接境,北边跟赵国接境,东边跟齐国接境,士兵驻守四面,守卫边防堡垒的不少于十万人。魏国的地势,原本就是战场。如果魏国向南亲附楚国而不亲附齐国,那么齐国就会来攻打它的东面;向东亲附齐国而不亲附赵国,那么赵国就会来攻打它的北面;不和韩国合作,那么韩国就会来攻打它的西面;不和楚国亲近,那么楚国就会攻打它的南面;这就是所谓四分五裂的地理位置。"

"大王如果不事秦国,秦国出兵攻打黄河以南,占据卷地、衍地、燕地、酸枣,胁迫卫国,夺取阳晋,那么赵国不能向南支援魏国,魏国就不能向北联系赵国。魏国不能向北联系赵国,合纵联盟的通路就断了,合纵联盟的通路一断绝,那么大王的国家要不危险就不可能了。如果秦国说服韩国攻打魏国,魏国害怕秦国,秦、韩两国一致对付魏国,魏国的灭亡就可以跷起脚来等待了。这是我替大王担忧的问题。"

"我替大王着想,不如归顺秦国。归顺了秦国,楚国、韩国一定不敢乱动;没有楚国、韩国的危害,大王就可以高枕无忧,国家一定没有忧患了。秦国所想要削弱的莫过于楚国,而能削弱楚国的莫过于魏国。楚国虽有富足强大的名声,但实际空虚;它的士兵虽多,但是容易败逃溃散,不能坚持战斗。如果全部出动魏国的军队,向南攻打楚国,胜利是肯定的。割裂楚国而加强魏国,亏损楚国而满足秦国,转嫁灾祸,安定国家,这是大好事呢。大王如果不听取我的意见,秦国将派精兵向东进攻,那时即使想归顺秦国,也不可能了。"

魏王思量再三,最后同意了张仪的观点。不久,魏王派太子入秦朝见,向秦表示归顺。张仪在魏国担任了四年相国,于公元前318年又回到秦国,秦惠文王仍然起用他为相。

公元前317年,秦军出函谷关,在修鱼(今河南原阳西南)与魏、赵、韩三国联军决战,联军大败,伤亡8.2万余人,韩将申差等被俘。

修鱼之战后,齐国出兵打败了赵和魏,并与楚国结成联盟。齐是东方的强国,楚则虎视南方。因此,齐楚联盟成了秦国的心腹之患,而离间齐楚联盟,削弱齐楚力量就成为秦向东扩张过程中的关键一步。

公元前313年,张仪再次辞掉秦国相位,向南去拜见楚王。到楚之后,他首先派人买通楚怀王的宠臣靳尚,利用其取得怀王信任,然后着手离间齐楚关系。他对怀王说:"我们秦王所敬重的人没有谁能超过大王您,即使我张仪愿意为臣下的也首推大王您;我们秦王所憎恶的人没有谁能比得上齐王,就是我张仪也最憎恨齐王。齐国虽然和秦国曾经是婚姻之国,然而齐国对不住秦国的地方太多了。现在我们秦国想讨伐齐国,所以我们秦王就不能侍奉大王了,我张仪也没法做大王您的臣子。如果大王能够与齐国断绝关系,臣下将请求秦王把商於六百里地方献给楚国。这样,齐国就一定会被削弱,齐国被削弱了,大王就可以使役齐国。这是向北削弱齐国、向西施德于秦而自己据有商於之地一计三利可得的事情啊!"楚王十分高兴地应允了他。

张仪虽然说动楚怀王,但楚国不乏有识之士。原来在秦国用事的陈轸,张仪为相后来到楚国,对张仪的意图非常清楚。他劝楚怀王勿听张仪之言,以防被欺。但楚怀王早被张仪的花言巧语所迷惑,又利欲熏心,根本听不进陈轸的意见,而且把楚国相印交给张仪,接着一面派人去齐宣布断交,一面派人跟随张仪去接收土地。

回秦后，张仪称病三月不上朝，楚怀王得不到土地，以为秦嫌楚与齐断绝关系不够坚决。因此特派勇士前去辱骂齐王。齐王大怒，一面与楚彻底断交，一面派人入秦与秦王商议共同伐楚。目的达到，张仪出见楚国使者，告诉他"从某至某，广袤六里"送给楚怀王。楚使回报怀王。楚怀王暴跳如雷，大骂张仪是出尔反尔的小人，气冲冲地要兴兵伐秦。陈轸此时又建议怀王联秦抗齐，怀王盛怒之下，一心只想报复张仪，又一次拒绝了陈轸的正确意见，派大将军屈匄与裨将逢侯丑等率兵进攻秦国。

公元前312年，楚国与秦齐大战于丹阳，结果楚军大败，屈匄、逢侯丑和受封有爵位的将领共七十余人被俘，八万楚军被消灭，汉中郡也被秦夺走。战败消息传来，楚怀王简直气得发昏。在狂热的复仇情绪的支配下，他调动楚国全部军队进攻秦国。由于孤军深入，楚继败于蓝田。这次韩、魏两国也乘机向南进攻楚国，一直打到邓邑。楚腹背受敌，急忙撤军，只好割了两个城邑向秦国求和。

秦国大败楚国之后，与其能够抗衡的国家就只剩下了齐国。公元前311年，秦国派人与楚国谈判：愿分汉中之半与楚，以同楚结盟。然而，楚怀王对张仪耿耿于怀，宁可不要汉中之地，而要张仪以泄私愤。张仪闻讯，欣然赴楚。张仪一到楚国，就被楚怀王囚禁起来，准备杀掉以祭告先祖。但张仪使用种种手段，通过楚国大夫靳尚，向楚怀王夫人郑袖说情，郑袖请求把张仪放掉，与秦和亲。楚怀王受夫人蛊惑，又害怕得罪秦国，加上仍贪于土地，权衡再三，最后下令把张仪释放，并且还客客气气地招待他。

张仪又趁机游说楚怀王："当今天下的强国，不是秦国就是楚国，不是楚国就是秦国，两个大国交战，当势不两立。大王如果不亲附秦国，秦国将出兵占领宜阳，韩国的土地就会被割断。秦国攻下河东，夺取成皋，韩国一定会投降，魏国就会闻风而动。秦国攻打楚国的西面，韩魏攻打楚国的北面，国家怎么会不危险？"

"秦国现在据有巴蜀，大战船顺江而下，一日能行五百余里，用不了十天就可以到达扞关，扞关受到威胁，楚国的东部地区就很难保住，西部地区的黔中、巫郡就不再属于楚国了。秦军如果出武关，楚国北部地区也会断送。楚国遭到秦国的进攻只在三个月以内，而楚国要想得到诸侯的援救却至少得半年，所以，楚国不与秦国亲善是不行的。再说，坐等弱国的援救而忽视秦国的威胁，这正是下臣为大王所担心的事情。"

"秦国出兵攻打卫都和阳晋,一定会堵塞天下的胸膛。大王出动全部军队去进攻宋国,不要几个月宋国就可以拿下来,拿下了宋国,然后一直向东,那么泗水边的众多小国就全归大王所有了。"

"现在秦国和楚国接境连界,本来是地缘亲近的邻国。大王如果能听取我的意见。我将让秦国太子到楚国做人质,楚国太子到秦国做人质,纳秦国女子做大王的姬妾,进献居民万户的都邑作为汤沐邑,长久作为兄弟邻邦,永世互不攻伐。我认为没有比这更好的计策了。"

一席话说得楚怀王连连点头称是,马上同意与秦和好,并送走了张仪。不久屈平出使归来,问及楚怀王为什么不杀张仪时,楚怀王又后悔了,派人去追却为时已晚。

张仪离开楚国,接着就前往韩国,游说韩王道:"韩国土地不到九百里,储粮不够吃两年,大王的士兵全部动员也不足三十万。秦国有武装士兵一百多万,战车千辆,战马万匹,勇猛的士兵飞奔前进,不戴头盔,拿起武器,愤怒冲入敌阵的,不可胜数。山东各国的射手披着铁甲,戴着头盔去参加决战,秦国人丢下甲衣,光着膀子,打着赤脚冲向敌人,左手提着人头,右手捉住俘虏。秦国的士兵跟山东各国士兵相比,正像大力士孟贲跟胆小鬼一样;用巨大的威力压下去,正像大力士乌获对婴儿一样。在战斗中,让孟贲、乌获式的勇士去攻打不服从的弱国,无异于把千钧的重量压在鸟蛋上,一定没有幸存的了。"

"大王如果不归顺秦国,秦国将出兵占据宜阳,隔断韩国的上地,东进夺取成皋、荥阳,那么鸿台的宫殿、桑林的苑囿都将不属大王所有了。秦军阻塞成皋,隔断上地,大王的国土就被分割了。先归顺秦国就安全,不归顺秦国就危险。"

"所以我替大王策划,韩国应该帮助秦国。秦国所希望的莫过于削弱楚国,而能够削弱楚国的莫过于韩国。这不是因为韩国比楚国强,而是它的地势是这样。如果大王向西归顺秦国,攻打楚国,秦王一定高兴。攻打楚国,利用它的土地,转嫁祸害而使秦国高兴,没有比这更适合的计策了。"

韩王听信了张仪的计策,表示与秦通好。张仪这才回到了秦国,向秦惠文王禀报了情况,秦惠文王念其功劳卓著,遂封其为武信君,并赐封给他五座城邑。

张仪的连横之术,很好地体现了孙子的"全胜"思想。在战争中,谋略的重要性有时大过国家的强弱和兵力的多少,如果谋略使用得当,可以不费自己一兵一卒，就让敌人全部降服，达到"全胜"。在整个秦惠文王时期，张仪不仅使秦国在外交上连连取得胜利，而且帮助秦国开拓了疆土，因此可以说他为秦国的强大和以后统一中国立下了汗马功劳。

张仪凭借自己过人的谋略和口才，先后说服了魏、燕、赵、齐、楚等国，确立了秦国在各诸侯国中的领导地位。张仪之所以能成功，就是因为他深知"知己知彼，百战不殆"的道理，了解每一个要说服的对象的心理走向，站在一定高度上去解决问题，同时他根据不同对象的不同心理，采用不同的策略，与之应对。在谈话中，他将要表达的意思，分条理、分部分地一一表述，步步为营，招招见血，可以说张仪是"不战而屈人之兵"的"善之善者"。

⊕ 晋楚城濮之战

春秋时期，周王室衰微，诸侯互相征伐，战争频繁。公元前636年，公子重耳成为晋国第二十二任君主，是为晋文公，他整顿内政，大力发展晋国，使晋国渐渐地强大起来。与此同时，南方的楚国势力强盛，试图称霸中原。

宋·李唐《晋文公复国图》

公元前633年，楚成王为了争夺中原的霸主地位，以本来屈服于楚国的宋国投靠了晋国为理由，亲自率领军队对宋国进行讨伐，宋国公孙固赶到晋国请求援助。晋国大臣们对晋文公说："楚国总是欺负中原诸侯，主公要辅助有困难的国家来成就自己的霸业，现在正是时候。"但是晋文公考虑到楚国的兵力比晋国强，而且宋国也不靠近晋国，大老远地去援兵非常困难。在他犹豫不决的时候，狐偃提出了好的建议："卫、曹两国投降于楚国，是楚国的盟友，如果我们去攻打这两个国家，楚国肯定会来救的。这样宋国就能脱险了。"于是，晋文公听取了狐偃的意见，很快就攻下了曹、卫两国。

可是，楚国对此却无动于衷，仍旧全力攻打宋国。宋国又派人向晋国求救，于是晋国让宋国去贿赂齐、秦两国，让他们劝楚国不要再打宋国了，另外晋国又送了土地给宋国以示自己抗楚的决心。楚国没有听从齐、秦两国的建议，从而使齐、秦两国大怒，这两个国家就顺势与晋国结盟。

在听到齐、秦与晋国结盟之后，楚成王感到局势不妙，便立即宣布退兵。但是楚国的主将成得臣（芈姓，成氏，名得臣，字子玉）并不想中途而废，让楚成王答应他与晋国交战。楚成王摇摆不定，但仍然派兵给成得臣。成得臣得到增援之后，更加狂妄了，他要求晋国释放曹、卫两国的国君。晋国想了一个万全之策，在私下答应恢复曹、卫两国，但要跟楚国断绝关系，曹、卫两国也照做了。成得臣非常生气，于是决定攻打晋国。

楚军一进攻，晋文公立即命军队往后退，晋军有点儿不理解，为什么一个国君要让一个臣子呢？狐偃解释说："当初楚王曾经帮助过主公，主公曾经答应过楚王要是两国交战会退避三舍。今天撤退是为了兑现当初的诺言。要是我们对楚王动了兵，我们就理亏了。我们退了兵，如果他们还不善罢甘休，那我们再打不迟。"晋军一口气退到了城濮，但是成得臣并不甘心，还很傲慢地下战书。晋国选择了迎战，针对楚军的弱点，对楚军的左右翼进行攻击，把楚军杀得七零八落，楚军士兵纷纷逃走，成得臣在半路上觉得没法交代，于是选择了自杀。

城濮之战的初期，晋军的兵力是处于劣势地位的，对手的兵力非常强劲，而且又要渡过黄河在外线进行交战，这都是不利的因素。但是晋文公善于观察局势，虚心接受臣子的建议，正确地选择了以邻国曹、卫两国为战胜楚国的突破口，先战胜弱小的敌人，成为作战的基础阵地。随后又听取大臣的意见，以高明的谋略对楚国的盟军齐、秦进行拉拢，使他们与自己结成统一战线，争取到了战争的主动权。在城濮决战的时候，他选择后发制人的作战策略，主动"退避三舍"，不仅没有失去应有的礼数，还因此避开了楚军的锋芒，争取在军事、外交上取得主动权，引诱敌方深入，伺机而动。同时他又与各个盟国会合，集中起大量的兵力，针对敌人的弱点进行进攻,先攻打敌人薄弱的方面,再集中精力打击强劲的方面,从而取得了这场战争的胜利,成就了晋国在中原的霸主地位。

反观楚军,原先是中原地区非常有威望的诸侯国,但由于君臣的不和睦,将军的傲慢,士兵的士气低落,既不知道争取与其他国家进行联盟,又不能随机运用好的对策。再加上作战部署上面的失策,对敌方军情的错误判断,战场上指挥不当,最终导致了战争的失败,将自己的霸主地位拱手让人。

总而言之,晋国之所以取得城濮之战的胜利,主要原因就是采取了"谋攻"路线。晋国的实际兵力并不比楚国强,但是运用谋略的本事却比楚国强了很多。晋军针对楚军的弱点,制定相应的策略,这样具有针对性的策略非常实用有效,每一招打到的都是关键地方,可以说是箭无虚发。而且晋军很明白自己的实力,更明白楚军的实力,可谓知己知彼,焉有不胜之理?

◉ 艾柯卡帮助克莱斯勒起死回生

艾柯卡的全名为利多·安东尼·艾柯卡(Lido Anthony Iacocca),他曾担任福特汽车公司的总裁,后又担任克莱斯勒汽车公司的总裁,把这家濒临倒闭的公司从危境中拯救过来,奇迹般地东山再起,使之成为全美第三大汽车公司。他那锲而不舍、转败为胜的奋斗精神使人们为之倾倒。

1946年8月,21岁的艾柯卡来到底特律,在福特公司开始了他在汽车行业中的传奇生涯。从一名见习工程师,到出色的推销员,到公司华盛顿特区经理,艾柯卡取得了骄人的成绩。不久,年仅32岁的艾柯卡又调到福特公司总部,担任卡车和小汽车两个销售部的经理。在总部,他开始崭露非凡的领导才能并深得上司的赏识。4年后,艾柯卡担任了副总裁和福特分部的总经理职务,时年36岁。这比艾柯卡在大学时发誓"要在35岁担任福特公司副总裁"的时间,仅仅晚了一年。艾柯卡发迹速度之快实属罕见。

利多·安东尼·艾柯卡

1970年12月10日,艾柯卡终于如愿以偿地登上福特公司总裁的宝座,成了这家美国第二大汽车企业中地位仅次于福特老板的第二号人物。可是,老天没有让他的高兴持续太久,1978年7月13日,由于"功高盖主",他被妒火中烧的大老板亨利·福特开除了。面对突如其来的打击,他没有倒下去。而是继续选择了汽车行业这一老行当。他接受了一个新的挑战——应聘到濒临破产的克莱斯勒汽车公司出任总经理。

然而,克莱斯勒公司的状况比艾柯卡预料的还糟。就在他到克莱斯勒上任的第一天,公司就宣布连续第三个季度亏损,亏损额达1.6亿美元,是这家公司有史以来最为严重的一次。

克莱斯勒公司的问题到底在哪里呢?艾柯卡很快就发现,公司管理极为混乱,产品质量低劣,售后服务无人管,管理人员素质低,财务处甚至没有懂预算的。公司里许多各自为政的独立王国,使克莱斯勒不能发挥出各个部门的作用。公司竟有35个副总经理,任人唯亲,而且各干各的,没有统一的计划,也从不按制度召集会议。工程技术部门和制造部门之间从来不来往;设计人员可以设计出很新的产品方案,但搞制造的造不出来,因为设计人员从来不去制造部门做具体指导。造汽车的也不和销售部门商量,只管生产出汽车,然后存放进仓库完事。结果是产品大量积压,资金周转不过来,连工资都发不出来。

艾柯卡很清楚,办企业要有三要素:人、产品和利润。人是第一位的。没有一支好的队伍,就谈不上产品和利润。针对公司的混乱和弊端,他先从人的安排上开刀。公司原有的35个副总经理,他陆续解雇了33个。

艾柯卡觉得当务之急是找一位理财的行家。他从在福特公司任总经理时保存的笔记本上找到了杰拉尔德·格林沃尔德的名字,格林沃尔德在福特公司任职期间被派往委内瑞拉分公司工作,表现出了一位优秀理财家的干练。更为重要的是,格林沃尔德能设法跳出财务管理的圈子,表现出其他方面的才能。艾柯卡把格林沃尔德聘来筹建一个财经控制机构。不到两年,格林沃尔德便成了克莱斯勒公司的第二号人物。

另一位是海尔·斯帕利希。他在1977年被亨利·福特解雇以后就到了克莱斯勒。他掌握了20世纪60年代和70年代行之有效的经营管理方法,像先遣队一样,向艾柯卡提供了他急需知道的许多关于克莱斯勒公司的情况。艾柯卡让斯帕利希担任副总经理,负责产品计划部门。在斯帕利希的帮助下,艾柯卡挖掘出许多被以前的经理部淘汰的颇有能力的人,同时发现了公司里一批很有前途的年轻人。他们有才干,有激情,只是缺少伯乐。艾柯卡还注意到福特公司一批退休的、既有经验又有才能的经理人员,他决定用他们的才智和应变能力来重整河山。最终优秀的人才队伍为克莱斯勒彻底翻身奠定了基础。

同时,艾柯卡在公司树立了"有难同当,同舟共济"的观念,这位新董事长兼总经理主动把自己的年薪从36万美元减至1美元。与此同时,全体员工的年薪只有原来的1/125。

为了解决资金问题,艾柯卡想尽一切办法,先后向德国大众汽车公司以及十几位靠石油发了大财的阿拉伯富翁求援。但是,只相信现实的阔佬们根本不相信艾柯卡会获得成功。实在没有办法,艾柯卡只好请求政府做贷款担保。他在听证会上唇枪舌剑,终于说服了国会参、众两院。国会同意以克莱斯勒公司的全部财产作为附属担保为条件,给他们贷款12亿美元,12年还清。

在那艰难的日子里,艾柯卡带领技术设计人员,以最快的速度,设计出了一种深受美国人欢迎的K型车。这种车坐着舒服,性能良好,还非常节油,可供六口之家所用,外观也很漂亮,在市场上大放异彩,成为消费者争相抢购的热门货，销量直线上升。艾柯卡亲自出马，在电视广告上现身说法："我不希望你们盲目地买克莱斯勒的车，我希望你们进行比较。"后来许多顾客来信说："我们进行比较，但找不到更好的车，我们还是买了你们的。"有家报纸指出："艾柯卡不只是在卖汽车，而是在卖信誉。"

就这样，报界早就声称要破产倒闭的克莱斯勒公司终于起死回生，扭亏为盈，重新获得了生命力，几万名工人又回到了生产线上。

1983年7月13日，艾柯卡举行全国记者招待会，宣布克莱斯勒公司提前7年还清12亿美元贷款。他把一张迄今世界上面额最大的支票递给了银行代表。正是5年前的这一天，亨利·福特宣布开除他。而今天，他成了美国人心目中的英雄，美国青年崇拜的偶像。原先许多属于福特公司的市场，今天被克莱斯勒公司占领了。

1984年，克莱斯勒公司盈利24亿美元，比这家公司前60年利润的总和还多。艾柯卡独具匠心的经营，使克莱斯勒这艘即将沉没的航船，又重现出与福特、通用并驾齐驱的风采。

正如孙子所说："君之所以患于军者三"，国君不要干涉将领的职权，将权力下放，做到"疑人不用，用人不疑"，这样才能在战场上取胜。在商业领域，领导者信任下属，善用人才，也会给自己带来丰厚的效益。克莱斯勒公司的起死回生，很大程度上是因为艾柯卡善于用人，并且尊重和信任下属，给他们空间，放手让他们去干。

1981年克莱斯勒公司推出第一款K型车

第 4 章　军形篇

军形篇是《孙子兵法》的第四篇，其核心思想为"先为不可胜，以待敌之可胜"，也就是说，首先要让自己立于不败之地，找到机会之后，就快速出击，击败对手。要做到这一点，就要结合自己的资源、兵力、战斗力等因素，形成"势"。

【原　文】

孙子曰：昔之善战者，先为不可胜[1]，以待敌之可胜[2]。不可胜在己[3]，可胜在敌[4]。

故善战者，能为不可胜，不能使敌之可胜[5]。故曰：胜可知，而不可为[6]。不可胜者，守也；可胜者，攻也。守则不足[7]，攻则有余[8]。善守者，藏于九地之下[9]；善攻者，动于九天之上[10]，故能自保而全胜也。

见胜不过众人之所知[11]，非善之善[12]者也；战胜而天下曰善，非善之善者也。故举秋毫不为多力[13]，见日月不为明目[14]，闻雷霆不为聪耳。古之所谓善战者，胜于易胜者也。故善战者之胜也，无智名，无勇功，故其战胜不忒[15]。不忒者，其所措必胜，胜已败者也。故善战者，立于不败之地，而不失敌之败也。是故胜兵先胜而后求战[16]，败兵先战而后求胜[17]。善用兵者，修道而保法[18]，故能为胜败之政[19]。

兵法：一曰度[20]，二曰量，三曰数，四曰称，五曰胜。地生度，度生量，量生数，数生称，称生胜。

故胜兵若以镒称铢[21]，败兵若以铢称镒。胜者之战民也，若决积水于千仞之谿者[22]，形也[23]。

【注　释】

[1] 先为不可胜：为，造成。先为不可胜，指首先造成一种不被敌军战胜的形势。

[2] 待敌之可胜：指等待敌人有可能被我军战胜的机会。

[3] 在己：在于自己，引申为决定于自己。

[4] 在敌：在于敌人，引申为决定于敌人。

[5] 不能使敌之可胜：使，强使。不能使敌之可胜，这里指不可能强使敌军提供被我军战胜的机会。

[6] 不可为：为，强求。不可为，不可以强求。

[7] 守则不足：兵力不足时应着重防守。

[8] 攻则有余：指兵力充足有余时才发起进攻。

[9] 藏于九地之下：九地，极深的地下。"九"是虚数，古人常把"九"表示数的极点。藏于九地之下，指把军队深深隐藏起来，使敌人莫测虚实。

[10] 动于九天之上：动，发动，这里可引申为进攻。动于九天之上，军队进

攻如同从天而降,既出其不意又势不可当。

[11] 见胜不过众人之所知:见,预见。见胜,预见到胜利。见胜不过众人之所知,为一般人所能预测到的胜利。

[12] 善之善:好而又好,最好的。

[13] 举秋毫不为多力:秋毫,指能举一件毫毛那样极轻极细的事物。举秋毫不为多力,指举一件像毫毛那样极轻极细的事物不能算是力量大。

[14] 明目:眼睛很亮。

[15] 战胜不忒:忒,可以译为"差"或"差错"。

[16] 胜兵先胜而后求战:胜兵,打胜仗的军队。先胜,这里指事先取得必胜的形势。胜兵先胜而后求战,打胜仗的军队总是事先取得必胜的形势而后才向敌国宣战。

[17] 败兵先战而后求胜:打败仗的军队是因为先打战而后谋求胜利。

[18] 修道而保法:修明治道,严明法度。

[19] 为胜败之政:政,主宰。这里指成为支配用兵胜败的主宰。

[20] 度:度量,这里指土地幅员的大小。

[21] 以镒称铢:这里比喻胜兵对败兵的力量相差悬殊,胜兵的实力占有绝对优势。

[22] 决积水于千仞之豁者:仞,我国古代高度单位,一仞为七尺;豁,山涧。

[23] 形也:这里的形是指由军事实力而造成的形势。

【译　文】

孙子说:以前善于用兵作战的人,总是首先创造自己不可战胜的条件,并等待可以战胜敌人的机会。使自己不被战胜,其主动权掌握在自己手中;敌人能否被战胜,在于敌人是否给我们以可乘之机。

所以,善于作战的人只能够使自己不被战胜,而不能使敌人一定会被我军战胜。所以说,胜利可以预见,却不能强求。敌人无可乘之机,不能被战胜,且防守以待之;敌人有可乘之机,能够被战胜,则出奇攻而取之。防守是因为我方兵力不足,进攻是因为兵力超过对方。善于防守的,隐藏自己的兵力如同在深不可测的地下;善于进攻的部队就像从天而降,敌不及防。这样,才能保全自己而获得全胜。

预见胜利不能超过平常人的见识,算不上最高明,交战而后取胜,即使天下都称赞,也不算上最高明。正如举起秋毫称不上力大,能看见日月算不上视力好,听见雷鸣算不上耳聪。古代所谓善于用兵的人,只是战胜了那些容易战胜的敌人。所以,真正善于用兵的人,没有智慧过人的名声,没有勇武盖世的战功,而他既能打胜仗又不出任何闪失,原因在于其谋划、措施能够保证,他所战胜的是已经注定失败的敌人。所以善于打仗的人,不但使自己始终处于不被战胜的境地,也绝不会放过任何可以击败敌人的机会。所以,打胜仗的军队总是在具备了必胜的条件之后才交战,而打败仗的部队总是先交战,在战争中企图侥幸取胜。善于用兵的人,潜心研究制胜之道,修明政治,坚持制胜的法制,所以能主宰胜败。

兵法:一是度,即估算土地的面积。二是量,即推算物资资源的容量。三是数,即统计兵员的数量。四是称,即比较双方的军事综合实力。五是胜,即得出胜负的判断。土地面积的大小决定物力、人力资源的容量,资源的容量决定可投入部队的数目,部队的数目决定双方兵力的强弱,双方兵力的强弱得出胜负的概率。获胜的军队对于失败的一方就如同用"镒"来称"铢",具有绝对优势,而失败的军队对于获胜的一方就如同用"铢"来称"镒"。胜利者一方打仗,就像积水从千仞高的山涧冲决而出,势不可当,这就是军事实力的表现。

【编者解读】

所谓"形",就是形象、形状、形体,是实实在在的东西。《周易·系辞上》说:"形乃谓之器",器就是器物,看得见,摸得着,清清楚楚呈现在眼前。该书又说:"形而上者谓之道,形而下者谓之器。"古人注释:"道是无体之名,形是有质之称。"在古人看来,自然界是从"无体"的道,慢慢转化为"有质"的形。战争中军队都显示出一定的"形",如队伍、装备、旗鼓、士气等,实际上代表了它的军事实力。《孙子兵法》全部讲的是如何用军队去战胜敌人的法术,而军形篇就是阐述如何加强和运用军队的"形",以及由"形"决定战争胜负的规律。

如何加强军队的形,孙子首先提出了"先为不可胜,以待敌之可胜"的英明论断。他在后面又补充说:军队要"立于不败之地,而不失敌之败也"。预先做好各种准备工作,如占领制高点,修筑防御工事,储备充足的武器和粮食,军队士气高昂、训练有素等,这样就使自己不可战胜,也就是立于不败之地;但同时又要等待敌人出现松懈、空虚或混乱的"可胜"时机,一举将其击溃或歼灭。这是孙子在论述军队的形时,提出的一个极为重要的战略思想。这一战略思想不仅在军队打仗时极为有效,在其他非军事领域,如商业竞争、体育竞赛、医疗疾病等方面,也能起重要的指导作用。

运用军队的形进行攻守时,孙子强调,必须发挥主观能动性,以达到最佳效果。守要使敌"不可胜",攻要千方百计使敌"可胜"。守时"藏于九地之下",无影无踪,使敌无法进攻;攻时"动于九天之上",来势凶猛,使敌闻风丧胆。战争决策者利用军队去进行战斗,指挥得好与不好是大不一样的。运用同样的"形",包括军队和自然条件,有的指挥者频频失利,而有的指挥者能在战场上驰骋千里,神出鬼没,既能保全自己,又能歼灭敌人,频传捷报,演出许多有声有色威武雄壮的活剧来。

为了加强军队的实力,孙子进一步提出"修道而保法"的主张。所谓"道",就是始计篇所说的"令民与上同意",也就是谋攻篇所说的"上下同欲"。这是一种上下同心同德、团结奋斗的理想境界。所谓"法",就是军队中各方面的法制、法令。根据孙子阐述,法包括"曲制"(部队编制)、"官道"(将吏职责)、"主用"(掌管物资费用)等。只要加强军队内部的团结,使其上下一心、同仇敌忾,又健全军队的法制,使命令通达、纪律严明,军队具备这样的"形",就能成为"胜败正",即胜败的主宰。军队打仗无往而不胜,绝不会败下阵来。

按照一般的法则,孙子认为,军队的实力是由"度""量""数"这些因素决定的。"度"指国家疆域的大小,"量"指物产的多少,"数"指人口的众寡。由这些因素而形成"称",即国家和军队的实力。再由双方的"称"来决定战争的胜败,即实力强者胜,弱者败。孙子所指出的这个规律,在通常情况下都是正确的。

基于上述论断,孙子提出有"胜兵"和"败兵"两种兵形,并作了鲜明的对比。他说:"胜兵先胜而后求战,败兵先战而后求胜。""胜兵若以镒称铢,败兵若以铢称镒。"在未开战之前,看一看双方的兵形,就知道哪方是胜兵,哪方是败兵。因为胜兵做了各方面的准备工作,"先为不可胜",人强马壮,士气高昂;而败兵正好相反。在用冷兵器作战的时代,胜兵与败兵之形尤为明显。

最后,孙子指出,胜兵之形"若决积水于千仞之谿"。这里已经有"势"的作用。"形"借助于居高临下的"势"更能发挥其威力,为下面兵势篇的阐述作了铺垫。

经典战例

秦赵邯郸之战

公元前262年，秦昭襄王命白起进攻韩国，攻占野王（今沁阳），截断上党（今山西省长治市东南）通往韩都新郑（今河南省新郑市一带）的道路。韩欲献上党与秦求和，但上党郡守冯亭则以上党与赵，联赵抗秦。赵孝成王接受，遣老将廉颇率军守长平（今山西省高平市西北）以拒秦。秦命白起、王龁率军进攻，廉颇坚壁固守，双方相持达三年之久。公元前260年，赵国粮粟短缺难以继续支持战争，赵孝成王听信反间谣言以擅长进攻的赵括取代善守的廉颇，意图速战速决，结果被白起击败。包括主将赵括在内的45万赵军全军覆没，赵国从此由强转弱，这就是著名的长平之战。

公元前259年，长平之战后，白起想乘胜进围赵都邯郸，攻灭赵国。应侯范雎妒忌白起功劳，以秦军疲劳应休整为由，建议韩国割让垣雍（今原阳县）、赵国割让六城请和，秦昭襄王同意。赵孝成王准备按和约割让六城时，大臣虞卿认为割地与秦，秦势更强，赵"地有尽而秦之求无已"，如此赵将灭亡。虞卿建议以六城贿赂齐国，联齐抗秦。赵孝成王用其谋，派虞卿东见齐王建，商讨合纵抗秦计划，并借魏国使者来赵联络合纵之机，与魏订立盟约。同时将灵丘（今山西省灵丘县）封给楚相春申君黄歇，结好楚国，并对韩、燕亦极力交好。在国内则积极发展生产，重整军备，进行抗秦准备。

秦昭襄王见赵违约不割六城，反而与东方诸国合纵对付秦国，遂于公元前259年10月，令五大夫王陵率军20万伐赵，直攻赵都邯郸。

赵国大将廉颇率10万赵军顽强抵抗，赵相平原君赵胜亦散家财于士卒，编妻妾入行伍，鼓励军民共赴国难。王陵战至第二年，仍不能取胜。秦国增兵10万支援王陵，秦军五校（每校8000～10000人）阵亡，秦昭襄王命白起接替王陵为帅，白起称病推辞。秦昭襄王改令王龁接替王陵为主将，增兵10万继续围攻邯郸。秦军死伤过半，仍不能下。于是范雎举荐郑安平为将，率军5万携带大量粮草支援王龁，加强对赵的进攻。邯郸城内粮食耗尽，赵孝成王被迫向魏、楚两国求救。

平原君赵胜

公元前258年，平原君赵胜奉命出使楚国。他想在门客中选拔20名文武双全的随行人员，却只选出19名。一门客毛遂自荐随往，平原君以他在门下三年，未闻其能，不肯带他去。毛遂说："臣乃今日请处囊中耳。使遂蚤得处囊中，乃脱颖而出，非特其末见而已。"平原君在用人之际，就带毛遂同去了。

赵平原君一行来到楚国，向楚考烈王陈述合纵抗秦的利害关系，从"日出"谈到"日中"，楚考烈王还是犹豫不决。毛遂于是拔剑而前，走近楚考烈王说："今楚地五千里，持戟百万，此霸王之资也。以楚之强，天下弗能当。白起，小竖子耳，率数万之众，兴师以与楚战，一战而举鄢郢，再战而烧夷陵，三战而辱王之先人。此百世之怨而赵之所羞，而王弗知恶焉。合纵者为楚，非为赵也。"楚考烈王羞愧，"唯唯"答应，"歃血而定纵"。赵平原君回国后，楚国出兵10万救赵。

魏安僖王派晋鄙率军10万救赵。秦昭襄王派人威胁魏安僖王说："诸侯中有敢于救赵者，败赵后首先攻先救赵者。"魏安僖王恐惧，命晋鄙大军暂停于邺（今河北省临漳县西南）观望。魏信陵君魏无忌依靠魏安僖王宠妃如姬盗得虎符，带勇士朱亥杀晋鄙，夺其兵权，并挑选八万精兵进击秦军。这就是"窃符救赵"。楚春申君黄歇亦率军救赵。秦军作战失利，秦昭襄王又令白起领兵攻赵。白起始终托病不出。秦昭襄王罢其官爵，白起被迫在杜邮（今陕西省西安市西北）自杀。

魏楚援军到来之前，赵胜招募3000人的敢死队，命李谈率领进击秦军，击退秦军30里，李谈战死，赵王封其父为李侯。

公元前257年12月，魏、楚两国军队先后进抵邯郸城郊，进击秦军。赵国守军配合城外魏、楚两军出城反击。在三国军队内外夹击之下，秦军大败，损失惨重。王龁率残部逃回汾城（今山西省侯马市北），秦将郑安平所部2万余人被联军团团包围，只好降赵，邯郸之围遂解。魏楚联军乘胜进至河东（今山西省西南部），秦军复败，退回河西（今山西、陕西间黄河南段）。此时韩国也加入合纵攻秦，赵、魏、楚、韩先后收复魏之河东郡以及安阳，赵之太原郡以及皮牢、武安，韩之上党郡以及汝南。

邯郸之战，是秦国独强的战略格局形成后，关东诸侯合纵抗秦取得的第一次大胜。秦昭襄王在赵国内部团结、外部合纵抗秦形势已成的情况下，单纯从兵力对比出发，认为秦强赵弱，坚持攻赵，在战略上已属失策；而在初战失利、顿兵坚城时，仍一再增兵继续强攻，置魏、楚援军于不顾，在作战指导上亦欠稳妥，因而导致失败，推迟了灭亡六国的进程。

反观赵国，多次运用了军形篇中讲的战略战术，先是"先为不可胜"，积极治国强兵，联合魏、楚、赵三国，以合纵之术对抗秦国。再"以待敌之可胜"，抓住秦国的弱点，给予其沉重的打击，导致秦军无力抵抗，败得惨不忍睹。

⊕ 萨尔浒之战

1618年（明万历四十六年，后金天命三年）正月，后金努尔哈赤趁明朝朝廷党争激烈、防务松弛的时机，决意对明用兵。二月，努尔哈赤召集诸臣讨论用兵方略，决定先打辽东明军，后并叶赫部，最后夺取辽东。三月间，后金加紧秣马厉兵，扩充军队，修治装具，派遣间谍，收买明将，刺探明军虚实。在经过认真准备和精心筹划之后，努尔哈赤在四月十三日以"七大恨"誓师反明，历数明朝对后金国（建州女真）的七大罪状，率步骑2万向明朝发起进攻。抚顺城以东诸堡，大多为后金军所攻占。后金军袭占抚顺、清河后，曾打算进攻沈阳、辽阳，但因力量不足，翼侧受到叶赫部的威胁，同时探知明王朝已决定增援辽东，便于九月主动撤退。

努尔哈赤

抚顺等地接连失陷，明神宗感到事态严重，便派兵部左侍郎杨镐为辽东经略，主持辽东防务，并决定出兵辽东，大举进攻后金。但由于缺兵缺饷，不能立即行动，遂加派饷银200万两，并从川、甘、浙、闽等省抽调兵力，增援辽东，又通知朝鲜、叶赫出兵策应。经过半年多的准备，援军虽大部到达沈阳地区，但粮饷未备，士卒逃亡，将帅互相掣肘。

1619年（明万历四十七年，后金天命四年）农历正月，努尔哈赤又亲率大军进攻叶赫部，夺取20多个寨子。听说有明朝的军队来了，方才回去。明朝的杨镐派遣使者去后金商议罢兵，努尔哈赤回复书信拒绝。

1619年（明万历四十七年，后金天命四年）农历二月，明抵达辽东的援军约8.7万人，加上叶赫兵一部、朝鲜军队1.3万人，共约11万人，号称20万（一说47万）。由于明廷财政紧张，无力长期供养辽东集结的明军作战部队,明神宗一再催促杨镐发起进攻。于是杨镐坐镇沈阳,命兵分四路围剿后金。

农历二月二十九日,后金军发现明朝刘綎军先头部队自宽甸北上,杜松率领明军主力已出抚顺关东进,但进展过速,孤立突出。努尔哈赤接到奏报以后,决定以原在赫图阿拉南驻防的500兵马迟滞刘綎,乘其他几路明军进展迟缓之机,集中八旗兵力,迎击杜松军。

农历三月初一,杜松军突击冒进,已进至萨尔浒(今辽宁抚顺东大伙房水库附近),分兵为二,以主力驻萨尔浒附近,自率万人进攻吉林崖。努尔哈赤看到杜松军孤军深入,兵力分散,一面派兵增援吉林崖,一面亲率六旗兵4.5万人进攻萨尔浒的杜松军。次日,两军交战,将过中午,天色阴晦,咫尺难辨,杜松军点燃火炬照明以便进行炮击,后金军利用杜松军点燃的火炬,由暗击明,集矢而射,杀伤甚众。此时,努尔哈赤乘着大雾,越过堑壕,拔掉栅寨,攻占杜军营垒,杜军主力被击溃,伤亡甚众。后金驻吉林崖的守军在援军的配合下,也打败了进攻之敌,明军西路军主将总兵杜松、保定总兵王宣、原任总兵赵梦麟,都在战斗中阵亡。明西路军全军覆没。

明军主力被歼后,南北两路明军形孤势单,处境不利。

农历三月初一的夜里,明朝北路军由马林率领进至尚间崖(在萨尔浒东北),得知杜松军战败,不敢前进,将军队分驻三处就地防御。马林为保存实力,环营挖掘三层堑壕,将火器部队列于壕外,骑兵继后。又命部将潘宗颜、龚念遂各率万人,分屯大营数里之外,以呈掎角之势,并环列战车以阻挡敌骑兵驰突。

努尔哈赤在歼灭杜松军后,即将八旗主力转锋北上,去尚间崖方向迎击马林军。1619年(明万历四十七年,后金天命四年)农历三月初二早晨,马林军刚要拔起扎营的器物准备向南进军,便发现努尔哈赤率领的军队到了,就率军队重回宿营地重新扎营布列战阵,阵列方形,营地四面昨夜挖有三道壕沟,壕沟外排列大炮,放炮的兵皆徒步站立炮后,大炮的外层,又密密排列一层骑兵,骑兵的前面再排列火枪队,其余众兵都下马,进入三层壕内的营中列阵。

后金军先派一部骑兵横冲明将龚念遂营阵,接着以步兵正面冲击,攻破明军车阵,击败龚军。到中午的时候,努尔哈赤赶到了马林所扎大营的地方。

马林营地的东边有一山。努尔哈赤说:"我们的士兵应当先占东边山上的高地,从山上居高临下地向西方山下的马林军的军营冲击,我们就能把马林的军队打败。"于是努尔哈赤率亲卫军及二旗众兵全体离营向东,来到东山南坡山脚下,准备从南坡登山。

这时马林与后金军对峙一上午后,见后金的援兵已到,在帅旗下聚集起来的兵加起来也不过二旗再加四五千人,他认为后金的兵总数也就这些了,加上后金兵离营移军向东,队不成列,于是马林决定主动出击决战,他命令营内士兵出营与营外的骑兵和火枪队会合,大军主动向位于明营东边的后金军队发起攻击。

努尔哈赤在山上向西看,见大明营内军兵与营外壕外的军兵会合,努尔哈赤就说:"这样子是明军要来主动攻击我们了,不用登山了,可以下马跟他们徒步作战。"代善就从山的左侧,也就是南坡下山到山脚下,命令他的二旗士兵下马准备步战。下马的人才四五十个,大明军队就从西面攻上来了。代善对努尔哈赤说:"我应当领兵前进。"随即策马迎敌,直杀入明军的队伍中。随后诸贝勒与各位率兵的台吉等分别投入作战,两军混战,明军败退,进攻的明军被杀大半。

这时,追杀龚念遂部逃兵的六旗兵战斗结束,急急忙忙赶来了,看到两军正激战,先到的六旗兵不等后面军队到来,也来不及整顿队伍,直接攻击明军马林的大营。马林军营中士兵放枪接战。后金兵射箭冲击,在东面和南面两路夹攻之下,大明军队抵挡不住进攻势头,大败而逃,满洲军乘势追杀,击破潘宗颜部,北路明军大部被歼。明军副将麻岩等皆被杀,总兵马林仅自己率数人逃走。

明朝刘綎所率的东路军因山路崎岖,行动困难,未能按期进至赫图阿拉。因不知西路、北路已经失利,仍按原定计划向北开进。努尔哈赤击败马林军后,立即移兵,迎击刘军。

农历三月初三,为全歼刘军,努尔哈赤采取诱其速进,设伏聚歼的打法,事先以主力在阿布达里岗(赫图阿拉南)布置埋伏,另以少数士兵冒充明军,穿着明军衣甲,打着明军旗号,持着杜松令箭,诈称杜松军已迫近赫图阿拉,要刘綎速进。

刘綎信以为真,立即下令轻装急进。

农历三月初四,明军东路刘綎军从宽奠出发时,后金东边的人民都躲避到深山老林中去了。刘綎率军一路上攻占山寨,将瘸子、瞎子等不能动的人杀死，一路向前进军。刘綎先头部队进至阿布达里岗时，遭到伏击，兵败身死。努尔哈赤乘胜击败其后续部队。

杨镐坐镇沈阳，掌握着一支机动兵力，对三路明军没有作任何策应。及至杜松、马林两军战败后，才在三月初五，慌忙传令李如柏军回师。李如柏军行动迟缓，仅行至虎拦岗（在清河堡东）。当接到撤退命令时被后金哨探发现，后金哨探在山上鸣锣发出冲击信号，大声呼噪。李如柏军以为是后金主力发起进攻，惊恐溃逃，自相践踏，死伤1000余人。朝鲜军队元帅姜弘立率领剩余的5000兵下山来投降，后金设宴款待他们之后，将他们释放。

萨尔浒之战，除李如柏军撤走未遭惨重损失外，明军共损失兵力约4.5万人，战死将领300余人，丧失骡马2.8万余匹，损失枪炮火铳2万余支，元气大伤。后金军的胜利，不但使其政权更趋稳固，而且从此夺取了辽东战场的主动权。

明军之所以失败，主要原因是杨镐把强势的兵力给分散开来，对战争形势判断有误，过高地看重了自己的实力，导致战争大败，而努尔哈赤集中兵力，各个击破，选择了合理的主攻方向，牢牢地掌握了战争的主动权，发挥骑兵快速出击的特长，及时转移兵力，这就是孙子提到的"善攻者，动于九天之上"。

◉ 零售巨头沃尔玛

沃尔玛百货有限公司由美国零售业的传奇人物山姆·沃尔顿于1962年在阿肯色州成立。经过数十年的发展，沃尔玛百货有限公司已经成为美国最大的私人雇主和世界上最大的连锁零售企业。

『第 4 章 军形篇』

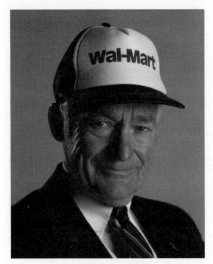

山姆·沃尔顿

　　1918 年，山姆·沃尔顿出生在美国阿肯色州的一个小镇上。山姆小时候家里并不富裕，这使他养成了节俭的习惯。1936 年，山姆进入密苏里大学攻读经济学士学位，并担任过大学学生会主席。1940 年毕业时恰逢"二战"爆发，山姆毅然报名参军，服役于美国陆军情报团。"二战"结束后山姆回到故乡，向岳父借了 2 万美元，和妻子海伦在纽波特租到几间房子开了一家小店，专卖 5～10 美分的商品。由于山姆待人和善，附近的住户都愿意到他店里来买东西。谁知，房东嫉妒山姆的小生意红火，找借口收回了店面。无奈之下，山姆来到本顿维尔。1962 年，他开了一家连锁性质的零售店，取名沃尔玛。

沃尔玛 LOGO

　　山姆开店坚守着一个信念，"只要商店能够提供最全的商品、最好的服务，顾客就会蜂拥而至"。他向员工提出了两条要求："太阳下山"和"十英尺态度"。"太阳下山"是指每个员工都必须在太阳下山之前完成自己当天的任务,而且,如果顾客提出要求,也必须在太阳下山之前满足顾客;"十英尺态度"是指当顾客走进员工 10 英尺的范围内时,员工就必须主动地询问顾客有什么要求,而且说话时必须注视顾客的眼睛。

最终使沃尔玛成功的是山姆的"薄利多销"政策。他的"女裤理论"就是沃尔玛营销策略的最好说明:女裤的进价为 0.8 美元,售价为 1.2 美元。如果降价到 1 美元,我会少赚一半的钱,但却能卖出 3 倍的货。他还为公司制定了三条座右铭:"顾客是上帝"、"尊重每一个员工"和"每天追求卓越"。遵循着山姆·沃尔顿的信念,沃尔玛的连锁店越开越多,并有折扣店、购物广场、山姆会员店和家居商店四种,全部由公司控股,实行直营连锁。1980 年,山姆的资产达到 6.4 亿美元。

尽管山姆成了亿元富翁,但他节俭的习惯却一点儿也没变。他没购置过豪宅,一直住在本顿维尔,经常开着自己的旧货车进出小镇。镇上的人都知道,山姆是个"抠门"的老头儿,每次理发都只花 5 美元——当地理发的最低价。但是,这个"小气鬼"却向美国 5 所大学捐出了数亿美元,并在全国范围内设立了很多奖学金。

1992 年,深居简出的山姆去世。按照遗嘱,他的股份分给了妻子、三个儿子和一个女儿。沃尔顿家族五人 2001 年包揽了《福布斯》全球富翁榜的第 7～11 位,五人的资产总额达到 931 亿美元,比世界首富比尔·盖茨高出 344 亿美元,成为世界上最富有的家族。

山姆的几个儿子也都继承了父亲节俭的习惯。美国大公司一般都有豪华的办公室,现任公司总裁吉姆·沃尔顿的办公室却只有 20 平方米,公司董事会主席罗宾逊·沃尔顿的办公室则只有 12 平方米,而且他们办公室内的陈设也都十分简单,以至于很多人把沃尔玛形容成"穷人开店穷人买"。

时至今日,沃尔玛公司已有 8500 家门店,分布于全球 15 个国家。该公司是世界上雇员最多的企业,连续六年在美国《财富》杂志世界 500 强企业中位居首位。

沃尔玛的成功,与创始人山姆的管理水平密不可分。山姆的管理理念与孙子提出的"胜战"理念不谋而合,他采用的让沃尔玛常立不败之地的方式就是"能为不可胜",将自己的企业管理得如铜墙铁壁一般,让自己不可战胜。

第5章　兵势篇

兵势篇是《孙子兵法》的第五篇,主要讲出奇制胜。奇袭的特点是隐蔽和快速性,隐蔽是隐藏自己的意图,这样敌人就不会有所准备,从而以有备之师打击敌人无备之师。

【原　文】

孙子曰：凡治众[1]如治寡，分数[2]是也；斗众[3]如斗寡，形名[4]是也；三军之众，可使必受敌而无败者，奇正[5]是也；兵之所加[6]，如以碫[7]投卵者，虚实[8]是也。

凡战者，以正合[9]，以奇胜[10]。故善出奇者，无穷如天地，不竭如江河。终而复始，日月是也；死而复生，四时[11]是也。声不过五，五声[12]之变，不可胜听也；色不过五，五色[13]之变，不可胜观也；味不过五，五味[14]之变，不可胜尝也；战势[15]不过奇正，奇正之变，不可胜穷也。奇正相生[16]，如循环之无端，孰能穷之？

激水之疾，至于漂石者，势也[17]；鸷鸟之疾，至于毁折[18]者，节也[19]。故善战者，其势险[20]，其节短。势如彍弩，节如发机[21]。纷纷纭纭，斗乱而不可乱也[22]；浑浑沌沌[23]，形圆[24]而不可败也。

乱生于治[25]，怯生于勇，弱生于强。治乱，数也；勇怯，势也；强弱，形也。

故善动敌[26]者，形之[27]，敌必从之；予之[28]，敌必取之。以利动之，以卒待之。

故善战者，求之于势，不责于人，故能择人而任势。任势者，其战人也，如转木石。木石之性，安则静，危则动，方则止，圆则行。故善战人[29]之势，如转圆石于千仞之山者，势也。

【注　释】

[1] 治众：管理众多士卒。
[2] 分数：原指辨别数量，这里指军队各级的组织编制。古代军队分级管理，军旅卒伍人数有一定的规定。如百人为卒、五人为伍。
[3] 斗众：指挥众多士兵战斗。
[4] 形名：事物的形体和名称。这里指军队指挥的方式方法。
[5] 奇正：古代兵法术语。作战以对阵交锋为正，设伏掩袭为奇；交战以正面主攻为正，机动部队侧翼、突袭为奇。
[6] 所加：所向。
[7] 碫：磨刀石，泛指石。
[8] 虚实：指兵力的以实击虚。

[9] 正合：主攻部队与敌正面交战。
[10] 以奇胜：用机动部队取胜。
[11] 四时：四季。
[12] 五声：五个音阶，宫、商、角、徵、羽。
[13] 五色：青、赤、黄、白、黑。
[14] 五味：酸、甜、苦、辛、咸。
[15] 战势：作战的态势。
[16] 相生：相互转化。
[17] 势也：是水势造成的。
[18] 毁折：毙命，指鸷鸟捕杀小动物。
[19] 节也：节奏快的缘故。
[20] 险：疾速而迅猛。
[21] 发机：扣动弩机。
[22] 斗乱而不可乱也：战斗虽乱而自己不可被搞乱。
[23] 浑浑沌沌：形状模糊不清。
[24] 形圆：阵形严整。
[25] 乱生于治：敌方混乱是由于我方的纪律严明造成的。
[26] 动敌：调动敌人。
[27] 形之：显露自己军队之形，即采用诱敌之法。
[28] 予之：给予好处。
[29] 善战人：善于战斗的人。

[译　文]

　　治理大军团就像治理小部队一样有效，是依靠合理的组织、结构、编制；指挥大军团作战就像指挥小部队作战一样到位，是依靠明确、高效的信号指挥系统；整个部队与敌对抗而不会失败，是依靠正确运用"奇正"的变化；攻击敌军，如同用石头砸鸡蛋一样容易，关键在于以实击虚。
　　大凡作战，都是以正兵作正面交战，而用奇兵去出奇制胜。善于运用奇兵的人，其战法的变化就像天地运行一样无穷无尽；像江海一样永不枯竭；像日月运行一样，终而复始；像四季更迭一样，去而复来。宫、商、角、徵、羽不过五音，然而五音的组合变化，永远也听不完；青、赤、黄、白、黑不过五色，但五种色调的组合变化，永远看不完；酸、甜、苦、辛、咸不过五味，而五种味道的组合变化，永远也尝不完。战争中军事实力的运用不过"奇""正"两种，而"奇""正"的组合变化，永远无穷无尽。奇正相生、相互转化，就好比圆环旋绕，无始无终，谁能穷尽呢？

湍急的流水之所以能漂动大石，是因为它能产生巨大冲击力的势能；猛禽搏击雀鸟，一举可置对手于死地，是因为它掌握了最有利于爆发冲击力的时空位置，节奏迅猛。所以善于作战的指挥者，他所造成的态势是险峻的，进攻的节奏是短促而有力的。"势险"就如同满弓待发的弩那样蓄势，"节短"正如搏动弩机那样突然。旌旗纷纷，人马纭纭，双方混战，战场上事态万端，但自己的指挥、组织、阵脚不能乱；混混沌沌，迷迷蒙蒙，两军搅作一团，但胜利在我把握之中。双方交战，一方之乱，是因为对方治军更严整；一方怯懦，是因为对方更勇敢；一方弱小，是因为对方更强大。军队治理有序或者混乱，在于其组织编制；士兵勇敢或者胆怯，在于部队所营造的态势和声势；军力强大或者弱小，在于部队日常训练所造就的内在实力。

善于调动敌军的人，向敌军展示一种或真或假的军情，敌军必然据此判断而跟从；给予敌军一点实际利益作为诱饵，敌军必然趋利而来，从而听我调动。一方面用这些办法调动敌军，另一方面要严阵以待。

所以，善战者追求形成有利的"势"，而不是苛求士兵，因而能选人才去适应和利用已形成的"势"。善于创造有利的"势"的将领，指挥部队作战就像转动的木头和石头。木石的性情是处于平坦地势上就静止不动，处于陡峭的斜坡上就滚动，方形容易静止，圆形容易滚动。所以，善于指挥打仗的人所造就的"势"，就像让圆石从极高极陡的山上滚下来一样，来势凶猛。这就是所谓的"势"。

【编者解读】

势，是物质在运动中所产生的一股潜在力量，说得具体些，又有态势、气势、声势等各种各样的势。形与势密切相关。军队的形，表现为它存在的状态；军队的势，表现为它对敌冲击的能量。形相对来说比较静止，而势一定要在运动中才能体现。孙子在军形篇中谈了许多如何加强和运用军队的形去战胜敌人的问题，接着就在兵势篇中阐述如何造成和运用军队的势，去赢得对敌战争的胜利。

在对敌战争中造成军队强大的势，孙子指出，可以有多种方法：其一，用"分数"即组织编制去治理众多的军队，这样就在数量上造成对敌的优势；其二，用"形名"即队形名号的变化去指挥众多的军队，这样全军动作整齐，拧成一股绳，对敌又造成一种威胁之势；其三，用"奇正"即把军队分成正兵和奇兵两部分，这样在进攻或防守时可造成对敌的夹击之势，使敌人难以防备；其四，用"虚实"即避实击虚的办法，造成对敌战争中的以石击卵之势而获取胜利。孙子列举这四种办法，说明造势技巧的多样性以及它在军队作战中的重要性。

上述军队作战中造势的方法，以"奇正"之法运用得最为普遍，其效果也最为显著，因而孙子着重介绍了奇正之法的要领及其特点。奇正之法就是在作战时"以正合，以奇胜"，即以正兵当敌，以奇兵出其不意的偷袭取胜。孙子特别强调要"善出奇"，奇兵的出击，其路线、时间、兵种、方式可以变化无穷。同时，正兵和奇兵还可以互相变换，"奇正相生"，这样更能使敌人无法防备，因措手不及而陷于失败。历史上许多著名的战役，如战国时代的秦赵长平之战，"二战"中德国进攻法国的马其诺防线，都以运用奇兵在侧面偷袭而取得重大的战果。

营造对敌进攻强大的势之后，还要注意攻击的节奏。"势"和"节"这两方面应该密切配合，方能产生奇效。孙子认为，英明的指挥者安排他的作战计划，经常是"其势险，其节短"。造成"势险"的方法可以占领制高点，集结众多的军队，使用最猛烈的武器，采取出其不意的突袭方式，等等；"节短"就是间隔的时间短，要连续地对敌人发起攻击，使其没有喘息和重整旗鼓的机会。"势险节短"的进攻，往往能给对方以巨大的杀伤和沉重的打击。

军队在战争中的胜敌之势是在运动中形成的，因此，时时处处都要保持这股势，想方设法制造这种势。孙子列举"纷纷纭纭"和"浑浑沌沌"两种阵法，指出由于它们组织严密，是"不可乱"和"不可败"的，因而可制造坚强的攻守之势。孙子谆谆告诫：由于"数"即组织指挥的技术问题，治可以生出乱；由于"势"即态势的变化，勇可以变成怯；由于"形"即实力的消耗，强可以变成弱。只有示敌人以利而诱使其出动，再在道路上以伏卒等待，才能造成一种突袭之势而将敌歼灭。孙子对于势的营造、保持和变化，真谈得头头是道。

战争中靠人还是靠势，两者哪一个重要？孙子认为，主要应该依靠运动中造成的势，而不要对人求全责备。但是，势要由人去设计营造，故人的作用也不可忽视，最好的方法是"择人而任势"，即选择优秀的人才去造作和利用可胜之势。孙子这种既要"任势"又要"择人"的观点是相当全面的：在军事战争中要选择优秀的指挥员和战斗员，在商业竞争中要选择优秀的管理和营销人员，在体育竞赛中要选择优秀的教练员、运动员。只有这样，才能在军事、商业、体育等方面造成对竞争者的必胜之势。

关于"势"的理论是孙子战略战术思想的一个重要组成部分，造势和任势是孙子克敌制胜的法宝之一。本篇用了许多浅显的比喻，使文章更加形象生动，引人入胜。

楚国智灭绞国

"故善动敌者，形之，敌必从之；予之，敌必取之。以利动之，以卒待之。"孙子认为，给予敌军一点实际利益作为诱饵，敌军必然趋利而来，从而听我调动。春秋时期，楚国正是利用绞国人的趋利心理，一举打败了绞国。

公元前700年，楚武王为了打开北图中原的通道，以惩罚绞国助郧伐楚为借口，亲率大军，倾尽国力攻打绞国（今湖北郧阳区西北）。绞国虽是小国，但地势险要，易守难攻。楚军兵临城下多次叫战，但绞国自知抵挡不住，就打算依托险要的地势防守，坚决不出城与楚军决战。这种情况下，楚军多次进攻都无功而返。两军相持了一个多月，谁也奈何不了谁。

楚国大夫屈瑕见此情形，就对楚王说："绞国国势弱小，处理事情很轻率而不使用计谋，我们可以利用这个弱点，用智谋取胜。"然后，他向楚王献了一条计策。屈瑕表示："如今我们已经在绞国外面包围了一个多月，绞国的人都在抵抗我们的进攻，肯定没时间打柴，估计现在绞国城内已经没有用来烧煮食物的柴火了。我们不如让士兵伪装之后去打柴，到时候绞国的士兵肯定会出来抢。让他们抢几次，尝到甜头，等到大量士兵都出来抢柴火的时候，我们就设下埋伏一举歼灭他们。"

楚王担心绞国人不会上当，屈瑕说："大王请放心，绞国是小国，国内根本没有能看破这条计谋的人，为了有柴火烧食物，他们一定会上当的。"楚王一听，认为确实如此，就依计而行。

第二天，楚国的几十个士兵扮作樵夫模样，到绞国都城周围打柴，来引诱敌军。

绞国确实没柴火了，有樵夫进山砍柴的消息马上就被人报告给了绞国的国君。绞国国君担心是楚国士兵假扮的，派出探子打探实情，但是探子并没有发现楚国的士兵，只有樵夫们结伴上山砍柴。于是，绞国国君下令，等樵夫们出山的时候抢柴火。抢劫的过程很顺利，没有受到抵抗，也没有楚军出现，国君和士兵们都很高兴。

绞兵以为这些樵夫只是普通百姓，抓起来后绑都不绑，直接关进木头做的笼子里。对于经过严格训练的楚国精兵来说，这种笼子就跟摆设一样，于是趁着夜色，逃走了一批，还有一批留在笼子里。

第二天，又有一群楚兵扮作砍柴的樵夫，到山上引诱敌军。绞兵发现后，没有等到下命令，就纷纷出城，到山上捉拿楚人。

就这样，楚军每天都派兵上山砍柴，被引诱出城的绞兵也越来越多。

到了第六天，楚王感觉可以进行下一

屈瑕

步行动了。当天，绞兵看到樵夫出山，正打算抢劫的时候，没想到樵夫居然转身就跑，绞兵便在后面不停地追，不知不觉中就被引进了楚军设好的伏击圈。楚军一拥而上，斩杀了绞国无数的士兵。

侥幸逃回城内的绞兵迅速关闭了城门，以为这样就可以高枕无忧了，却没想到城内的楚兵趁乱打开了城门。一时之间，到处都是鲜血飞溅，绞兵死伤了一大半，剩下的都投降了。

在这种情况下，绞国国君为了保住国家，被迫在绞国的城下与楚国签订屈辱的盟约，成为楚国的附庸。从此以后，绞国贪小便宜吃大亏的事情，便在各国中传扬开来。这就是"城下之盟"的由来。

秦赵长平之战

结束于公元前 260 年的秦赵长平之战,可以说是长达 500 年的春秋战国时期,乃至整个中国古代史上最为惨烈的一场战役。在这场战役中,秦国采用正确的战略指导方针,以及灵活多变的战术,取得一举歼灭 45 万赵军的辉煌胜利,开创了我国历史上最早、规模最大的包围歼敌先例。秦将白起在这场战争中,以自己的杰出军事才能,指挥秦军给赵军以毁灭性的打击,为秦国的胜利立下殊世功勋。他的作用,集中体现了孙子"凡战者,以正合,以奇胜"的兵"势"理论原则。

秦国自孝公任用商鞅实行变法以后,经过几代的努力,国势日益强盛,它西并巴、蜀,东侵三晋,南攻荆楚,取得军事、政治、外交各方面的全面胜利。当时的秦国,已成为战国七雄中最强大的国家。赵国自赵武灵王进行"胡服骑射"的军事改革以来,军事实力迅速增长,对外战争节节胜利,势力日渐壮大,是当时关东六国中唯一有实力与秦国抗衡的国家。

白起

公元前270年，魏人范雎入秦，提出了"远交近攻"的战略思想。同时他还向秦王提出了"毋独攻其地而攻其人"的作战指导思想，认为不仅要攻夺六国的土地，更要注重歼灭六国的有生力量，最大限度地消耗敌人的国力。长平之战，就是秦、赵争霸的必然产物，也是范雎"远交近攻"战略与"毋独攻其地而攻其人"作战指导思想在秦国得以全力贯彻、推行的结果。

秦昭王根据范雎"远交近攻"的战略构想，从公元前268年起，先后出兵攻占了魏国的怀（今河南武陟西）、邢丘（今河南温县附近），迫使魏国亲附于己；接着又大举攻韩，先后攻取了陉（今河南济源西北）、高平（今河南济源西南）、少曲（今河南济源西）、野王（今河南沁阳），将韩国拦腰截为两段。韩桓惠王异常恐惧，遂派遣使者入秦，表示愿献上党郡（今山西长治一带）求和。但韩国的上党太守冯亭却不愿献地入秦，为了促成韩、赵两国联合抗秦，他主动将上党郡献给了赵国。

赵王目光短浅，在不计后果的情况下，接受平原君赵胜的建议，贪利受地，将上党郡并入自己的版图。赵国的这一举动，无异从秦人口中夺食，引起秦国的极大不满，秦、赵间的矛盾便为争夺上党郡而激化了。范雎建议秦王乘机出兵攻赵，秦王于公元前261年命令秦军一部进攻韩国缑氏（今河南偃师西南），直趋荥阳，威慑韩国；同时命令左庶长王龁率军攻打上党。上党赵军兵力不敌，退守长平（今山西高平西北）。赵王闻秦军东进，就派遣大将廉颇率领赵军主力抵达长平，以图夺回上党郡。这样，战国时期规模空前的长平之战的序幕就揭开了。

廉颇带领赵军抵达长平后，即向秦军发起攻击。由于秦强赵弱，赵军连战皆负，损失较大。廉颇鉴于实际情况，及时改变了战略方针，决心转攻为守，依托有利地形，筑垒固守，以逸待劳，以疲惫挫败秦军。廉颇的战术起到了作用，秦军的进攻势头被抑制了，两军在长平一带相持不决。

但是秦国的战争指挥者毕竟棋高一着，他们运用谋略来瓦解赵军，为尔后的战略进攻创造条件。一方面，他们借赵国使者郑朱到秦国议和的机会，假意殷勤接待郑朱，向各国制造秦、赵和解的舆论，使赵国在外交上丧失了与各国"合纵"的可能，陷于被动和孤立。另一方面，秦国针对廉颇起着赵国柱石的作用，采取离间手段，派人携带千金去邯郸收买赵王的左右权臣，离间赵王与廉颇的关系，四处散布流言：廉颇防御固守，是快要投降秦军的表现；秦军最害怕马服君赵奢的儿子赵括为将。流言传入赵王的耳中，他正对廉颇的固守疲敌方略极感不满，于是就轻易地中了秦人的离间计，不顾蔺相如和赵括母亲的反对谏阻，命令赵括接替廉颇为将。

赵括是一个缺乏实战经验、只知空谈兵法的人。他到了长平后，反廉颇所为，更换将佐，改变军中制度，搞得全军官兵离心离德，斗志消沉。他改变了廉颇的战略防御方针，盲目筹划战略进攻，试图一举而胜，夺回上党。秦王得知离间计得逞，已由空谈无能的赵括代替廉颇为赵将，也迅速调整部署：立即增加部队，调骁勇善战的武安君白起为上将军，代替王龁。为了避免引起赵军的注意，秦王命令军中对此严守秘密。白起针对赵括没有实战经验、鲁莽轻敌的弱点，采取后退诱敌、围困聚歼敌军的正确作战方针，对兵力作了周密的部署。

白起的具体部署是：以原先的前线部队为诱敌部队，等待赵军出击后，即向主阵地长平撤退，诱敌深入；其次，利用长平构筑袋形阵地，以主力守卫营垒，抵挡赵军的进攻，并组织一支轻装锐勇的突击队，待赵军被围后，主动出击，消耗赵军的有生力量；其三，用奇兵 2.5 万人埋伏在两边侧翼，待赵军出击后，及时插到赵军的后方，切断赵军的退路，协同主阵地长平上的秦军，完成对出击赵军的包围；其四，用骑兵 5000 人插入渗透到赵军营垒的中间，牵制和监视赵军。

战争的发展果然按着白起预计的方向进行。公元前 262 年八月，赵括统率赵军向秦军发起了大规模的出击。两军稍事交锋后，秦军的诱敌部队即佯败后退。鲁莽的赵括不问虚实，立即实施追击。赵军前进到秦的预定阵地长平后，随即遭到了秦军主力的顽强抵抗，攻势受挫。这时，预先埋伏的秦军两翼 2.5 万奇兵迅速出击，及时插到赵军进攻部队的后方，抢占了西壁垒（今山西高平北的韩王山高地），截断了赵军与其营垒的联系，构成了对赵军的包围。另外的 5000 骑兵也迅速地插到了赵军的营垒之间，牵制、监视留守营垒的赵军。白起又下令突击队不断出击被围的赵军。赵军数战不利，情况危急，被迫就地构筑营垒，转攻为守，等待救援。秦昭王听到秦军包围赵军的消息，亲赴河内（今河南沁阳及其附近地区），把当地 15 岁以上的男丁编组成军，增援长平战场。这支部队占据长平以北地区，断绝赵国的援军和后勤补给，从而确保了白起彻底歼灭被围的赵军。

九月，赵军断粮已达 40 余天，内部互相残杀以食，军心动摇，局势非常危急。赵括组织了四支突围部队，轮番冲击秦军阵地，希望打开一条血路突围，但都未奏效。赵括绝望之中，亲率赵军精锐部队强行突围，结果仍遭失败，自己也丧生于秦军的箭镞之下。赵军既无主将，便不再抵抗，全部解甲投降。

长平之战中,秦军前后共歼赵军 45 万人,从根本上削弱了当时关东六国中最为强劲的对手赵国,也给其他关东诸侯国以极大的震慑。这场战争由于秦国取得全胜,使其国力大幅度超越于同时代各国,极大地加速了秦国统一六国的进程。

哈罗斯疯狂大减价

孙子在兵势篇中提出以利诱敌的思想,所谓"予之,敌必取之",拿出好处引诱敌人,敌人就会前来夺取,我们就可以寻找机会一击制敌。而在商业领域,许多商家也会打出"亏本大甩卖""跳楼价"等标语来吸引顾客,从而获得丰厚的利润,这与孙子的思想不谋而合。靠这一策略最成功的当数英国著名的哈罗斯百货公司。

哈罗斯百货公司 LOGO

哈罗斯百货公司位于英国伦敦市中心海德公园一隅,在 1849 年开业时它只是一家卖杂货的商店,现在则是伦敦最有名的百货公司。曾有人说,哪怕是提着墨绿底金色字样的哈罗斯袋子在街上走,背脊似乎挺得比平时都直些。这话听着虚荣了些,但明显可见哈罗斯在人们心目中的地位。

哈罗斯百货公司取得这一辉煌业绩靠的就是"以利诱人"的办法,即"哈罗斯疯狂大减价",也就是在每年的圣诞节及新年前后,哈罗斯百货公司以出人意料的价格,实行所谓"疯狂大减价",届时,慕名前来购物的欧美亚顾客如潮水一般涌来。白天,如云的顾客摩肩接踵,挤得这里水泄不通;

入夜，这里仍然万头攒动，人声鼎沸，再加上商场四周悬挂着的闪闪发光的万盏灯火，如此盛况真是风光十足。

其实，哈罗斯百货公司的这种做法在商界并不稀奇，但像哈罗斯这样持之以恒，有规律又使人感到有利可图的大减价却不多见。其实，大减价、大酬宾后，哈罗斯百货公司仍然可以获得可观的利润，商店一旦声名远扬，树立了自己的形象，其效益是巨大的。

哈罗斯百货公司靠着持之以恒的"疯狂大减价"，为自己做了最好的广告，提高了它在广大消费者中的知名度。这样既扩大了销售额，又使自己闻名于世，令消费者向往，连英国女王每年都到这里购物。

哈罗斯百货公司现有雇员6000人，普通营业员的月薪金为2000英镑起价，高于其他百货的营业员，每月付给他们的薪金要超过400万英镑；1850年该店的营业额是1000英镑，而时隔136年的1986年的营业额是3.1亿英镑。时至今日，哈罗斯百货公司仍然屹立不倒，营业额依然持续上涨。

哈罗斯百货公司外部

第6章 虚实篇

虚实篇是《孙子兵法》的第六篇，主要阐述了作战中的虚实原则，特别是避实就虚，以实击虚的原则。"虚实"的含义很广，它不仅指兵力的多少，装备的优劣，还包括主动与被动，有备与无备，勇敢与怯懦，有序与混乱，饱逸与饥饿等。有利的方面就是"实"，不利的方面就是"虚"。

【原　文】

孙子曰：凡先处战地而待敌者佚，后处战地而趋战[1]者劳。故善战者，致人而不致于人[2]。

能使敌人自至者，利之也；能使敌人不得至者，害之也。故敌佚能劳之，饱能饥之，安能动之。出其所不趋[3]，趋其所不意[4]。

行千里而不劳者，行于无人之地也。攻而必取者，攻其所不守也；守而必固者，守其所不攻也。故善攻者，敌不知其所守；善守者，敌不知其所攻。微乎微乎[5]，至于无形；神乎神乎，至于无声，故能为敌之司命[6]。

进而不可御者，冲其虚[7]也；退而不可追者，速而不可及也。故我欲战，敌虽高垒深沟，不得不与我战者，攻其所必救也；我不欲战，画地而守[8]之，敌不得与我战者，乖其所之也。

故形人而我无形，则我专而敌分。我专为一，敌分为十，是以十攻其一也，则我众而敌寡。能以众击寡者，则吾之所与战者，约矣。吾所与战之地不可知，不可知，则敌所备者多[9]；敌所备者多，则吾所与战者，寡矣。故备前则后寡[10]，备后则前寡；备左则右寡，备右则左寡；无所不备，则无所不寡。寡者，备人者也；众者，使人备己者也。

故知战之地，知战之日，则可千里而会战[11]。不知战地，不知战日，则左不能救右，右不能救左，前不能救后，后不能救前，而况远者数十里，近者数里乎？

以吾度之，越人之兵虽多[12]，亦奚益于胜败[13]哉？故曰：胜可为也。敌虽众，可使无斗。

故策之而知得失之计[14]，作之而知动静之理，形之而知死生之地，角之而知有余不足之处。

故形兵之极[15]，至于无形。无形，则深间不能窥，智者不能谋。因形而错胜于众，众不能知。人皆知我所以胜之形，而莫知吾所以制胜之形。故其战胜不复，而应形于无穷[16]。

夫兵形象水[17]，水之形，避高而趋下；兵之形，避实而击虚。水因地而制流，兵因敌而制胜。故兵无常势[18]，水无常形，能因敌变化而取胜者，谓之神。故五行无常胜，四时无常位，日有短长，月有死生[19]。

【注　释】

[1] 趋战：趋，快步而行。趋战，仓促应战。

[2] 致人而不致于人：致，招致。人，这里指"敌人"。致人，招致敌人，可引申为调动敌人。致于人，被敌人所调动。致人而不致于人，能调动敌人而自己却不被敌人所调动。
[3] 出其所不趋：出，指出兵。出其所不趋，我军出击的地方是敌人无法救援的地方。
[4] 趋其所不意：我军奔袭之处，出乎敌方意料之外。
[5] 微乎：微，微妙。乎，语气词。
[6] 为敌之司命：司命，命运的主宰。为敌之司命，能主宰敌军，指挥敌军。
[7] 冲其虚：冲，冲击。虚，空虚，这里指防守薄弱。冲其虚，冲击敌军防守空虚的地方。
[8] 画地而守：画，界线。画地，画出界线。画地而守，据地而守。
[9] 吾所与战之地不可知：所与战，指我军将要与敌军作战。不可知，指敌军不可知。敌所备者多，备，准备，指兵力防备。
[10] 备前则后寡：用兵力防备了前面，后面的兵力便少了。使人备己：使别人防备自己，使敌人防备我军。
[11] 千里而会战：奔赴千里与敌军交战。
[12] 越人之兵虽多：越人之兵，指越国的军队。孙武曾被吴王任命为将，当时吴国与越国正在争雄。所以他说越人之兵虽多。
[13] 奚益于胜败：奚，为何。益，益处。
[14] 策之而知得失之计：策，策算。得失之计，指敌方计谋的得与失。
[15] 形兵之极：形兵，伪装示形于敌之兵。极，极点。形兵之极，我军伪装示形于敌军达到了最佳状态。
[16] 应形于无穷：应，适应。形，形势，这里可指"敌情"。应形于无穷，战术应适用敌情的变化无穷。
[17] 夫兵形象水：用兵的规律就像水流的规律一样。
[18] 兵无常势：用兵打仗，没有一成不变的态势。
[19] 日有短长，月有死生：一年之中的白天有的短，有的长；月亮在一月之中有圆也有缺。

【译　文】

　　孙子说：凡首先到达会战地点而等待敌人到来的，就主动安逸；后来到达战地而仓促应战的，就被动劳顿。所以，善于指挥作战的人，总是调动敌人而不为敌人所调动。

能使敌人自动来到我预设地点的，是我用小利引诱他的结果；能使敌人不到我预设地点的，则是由于我使他感到有害的结果。所以，敌若休整良好，闲适安逸，我就设法烦而扰之，使之劳倦；敌若粮草丰足，我就设法使之饥困；敌若安守自固，我就挑而扰之使其不得安宁。我之所以能做到这些，都是由于我出击的地方正是敌人必然往救的地方。

军行千里而不受顿挫，是由于行进在敌人没有设防的地方。进攻必取胜，是由于进攻敌人疏于防守的地方。防守必然牢固，是由于防守在敌人必来进攻的地方。所以，善于进攻的人，能使敌人不知如何防守；善于防守的人，则能使敌人不知如何进攻。真微妙啊！微妙得看不见形迹；真神秘啊！神秘到听不到声息。正因如此，才能成为敌人命运的主宰者。

发起进攻而使敌人不能抵御，是由于冲击其虚懈无备之处；主动撤离而使敌人无法追击，是由于动作迅速使他追赶不上。所以，我若想决战，敌人即使在高垒深沟也不得不出来与我决战，是由于进攻必赴救援的地方；我不想打，即使画地自守，敌人也不得与我作战，这是由于我的行动正好和敌人的意向相反。

所以，示伪形于敌，而我的真形则藏而不露，这样，我方兵力即可集中在一起，而敌人的兵力则分散到各处，这样，就可以以十倍的兵力去攻击敌人，从而形成我众敌寡的有利态势。我既做到以众击寡，那么同我作战的敌人就难以有所作为了。我与敌人交战的地方，事先不可使敌人知道；敌人不知道，防备的地方就多；防备的地方多，那么同我作战的敌人就少了。所以，防备前面，后面就寡弱；防备后面，前面就寡弱；防备左边，右边就寡弱；防备右边，左边就寡弱；处处防备，就处处寡弱。之所以寡弱，就是由于防备敌人而使兵力分散所致；之所以显得众多，乃是由于迫使敌人分兵备我所致。

所以，预知交战地点，预知交战日期，就可不远千里与敌会战；但若预先不知交战地点，也不知交战日期，那就左翼不能救援右翼，右翼也不能救援左翼；前锋不能救援后卫，后卫也不能救援前锋，近者数里尚且如此，更何况远者数十里呢！

依我分析，越国的兵虽多，又何补益于决定战争的胜败呢？所以说，胜利是可以争取到的。敌人兵力虽多，也可以使其分散兵力无法与我战斗。

所以，通过筹划谋算，去了解敌人作战计划的得失；通过斥候谍报，去掌握敌人的活动规律；通过展示军形，去察知敌人的虚实备虞状况；通过与敌人作试探性的接触,去摸清敌人兵力的强弱。

所以,示形于敌至于极致,我军的真形就可以完全隐藏起来,而不露任何形迹;既藏而不露,那么,纵使潜伏极深的间谍也窥探不到我军的底细,即使再有才智的人也无计可施。由于根据具体情况灵活运用示形原则而取胜,所以,即使将此胜利摆在众人面前,众人也不知其中之奥秘。人们可以看到我军战胜敌人的事实,但却不知我军之所以战胜敌人的道理究竟在哪里。所以,打了胜仗不要再重复老一套战法,要根据不同情况,采取不同战法,而应变无穷。

对兵形的掌握运用,其规律就像水的流动一样。水的流动,是避开高处而流向低处;战争的胜利,乃是避开敌人牢固设防之处而进攻其虚懈薄弱之处。水因地势的高低而决定其流向,用兵作战则是根据不同的敌情而决定不同的制胜之策。所以,用兵作战,既无一成不变的战场态势,也无一定的作战方式,能根据敌情变化而取胜的,才可叫作用兵如神。"五行"相生相克,没有哪一个固定是胜者;"四时"推移代谢,也没有哪一个固定不变。白天有长有短,月亮则有圆有缺。

【编者解读】

虚是空虚,实指实在,是人所共知的。不过,战争行为里,虚和实又有特别的含义,凡说到虚,是说兵力的空虚薄弱;实,则是兵力的集中强大。怎样辨别对方的虚实,又怎样做到以实击虚,还是要费一番周章的。虚实篇正是回答这个问题。

曹操在解释这一篇的题旨时说:"能虚实彼己也",意思是说,能够做到虚彼、实己,就会有取胜的把握,也就是孙子所说的胜利是可以用智慧和转换力量的配置而取得的。

为什么能做到这一点,本篇里有一个形象化的比喻。孙子说,水适应不同的地形而流动,但总是避高而趋下;用兵应针对不同敌情,用不同方法取胜,但又总是避实而击虚。由此看来,正像水往下流是一条千古不易的规律那样,战争中用以实击虚的方法取胜,也是一条千古不易的规律。

所不同的是,水是依自己的本性,自然地决定流向,无须人来参与,而战争中的以实击虚却不是自然出现,要通过人的努力来达到虚与实的变换。从这点看,人的努力成了关键。

究竟人应怎样去努力，虚实篇提出了"知"与"形"两个方面。

所谓知，是指探知对方的实情。如果知道作战地点，又知道作战日期，便可以到千里以外去会战；如果既不知战地，又不知战日，哪怕只有几里地的路程也不要去打。原因在于，前一种情况是对敌方情况能了然于胸，能互相救援；后一种情况像盲人摸象，会孤立无援。

如何去知，本篇中提供了四种办法。一是策，就是经过筹算和比较，去洞悉对方计划的得失；二是作，是想办法引诱对方先动作，以暴露他的兵力配置和活动规律；三是形，就是我方故意做假动作，观察对方的反应，来判断与对方作战的地形是否有利；四是角，也就是用试探性的进攻，看看对方兵力的强点和弱点究竟在何处？这四种办法，都是服从和服务于判断对方兵力的虚还是实这一目的。

知与不知是相对的，对于敌方情况，应尽可能多地知；反过来，自己的情况，则尽可能封锁起来，不许对方去知或者少知，也就是使他产生错乱和迷惑，不知其所守，又不知其所攻，处于被动挨打的可悲境地。

除了知以外，还有一个办法是形。形指军形，也就是指兵力配置。这里说的形是指善于使用力量变换的办法，使自己始终立于不败之地。虚实篇里举例说，如果我想攻打对方，兵力应配置在对方的军队"必趋"之地，使他不得不应战；如果我不想和对方打，就应该把进军方向选在"无人之地"，这样，即使走一千里路也不会疲劳。孙子又举例说，如果我方兵力能集中在一处，敌军兵力分散在十处，我军得以十倍兵力对付一处敌军，形成我众而敌寡，结果是以众击寡；反过来，如果我不想让对方来攻，可以画地而守，摆出坚决防守的架势，敌人弄不清我方究竟在哪里是真有准备，哪里是表面上有准备，结果会迟疑坐困，失去进攻的机会。

总的来看，虚实篇里说的"胜可为"，即胜利可以通过人的努力去创造，是靠"知"和"形"这两个关节来实现的。由于善用"知"和"形"，就可以达到调动对方、支配对方（致人）而不被对方所调动（致于人）这个目的，换成现在的话，就是牢牢地掌握住战争中的主动权。

虚实篇里关于战争中虚实变换、避实击虚的道理，以及孙子说的"以利诱敌""以难阻敌""出其所不趋，趋其所不意"的各项措施，为历代兵家所认可。吴子说"用兵必审敌虚实而趋其危"，是要人们把兵力集中到敌人的虚弱部位和危难之点。曹操说"形藏则敌疑"，凡能掩盖自己的真实情况者就能产生迷惑对方的积极效果。还说，以其至实，击其至虚，是用兵的规律。李筌说:"善用兵者,以虚为实;善破敌者,以实为虚。"这些论述都是在强调:一个善战者必须懂得以实击虚和虚实变换的道理。

经典战例

◈ 齐魏马陵之战

公元前341年(周显王二十八年)发生的马陵之战是中国战争史上设伏歼敌的著名战例,这次战役中孙膑利用庞涓的弱点,制造假象,诱其就范,使战局始终居于主动地位。

马陵之战实际上是魏国和其他国家矛盾的又一个爆发点,早在公元前354年的桂陵之战中,齐国孙膑就采用围魏救赵的办法使得魏军回援,魏军回援时孙膑采用了小股部队佯攻溃败的办法,使得魏军一意孤行,庞涓率领轻装部队加速追击,结果进入伏击圈被俘。公元前351年经过漳河会盟之后,庞涓才回到了魏国继续为将。

孙膑

桂陵之战虽然是魏军大败,但魏军主力部队依然存在,而且魏国的实力依然很强大,时不时想要吞并其他国家。这也为下一次的马陵之战作了铺垫,因为魏国和齐国之间的矛盾迟早要解决。

公元前341年,魏国攻打韩国,韩国再次向齐国求救。齐国决定派军继续攻打魏国都城大梁,此时魏国几乎已经取得了对韩国作战的胜利,结果齐国的出现让魏国不得不再次回援。前后两次出兵都让齐国给搅和了,这次魏国要回过头来收拾齐国了。于是派主帅太子申,主将庞涓率领 10 万精锐追击齐国军队。

齐国军队赶紧回撤,魏国主力持续追击,这次孙膑采用了减灶的办法来迷惑魏军,让庞涓认为齐军因为惧怕魏军而大量逃亡。第一天 10 万灶,第二天 5 万灶,第三天只剩 3 万灶了,于是庞涓断定齐军已成惊弓之鸟,一触即溃。因此便决定率领轻装部队追击,试图一举击溃齐军。

而齐军在考察了地形之后决定在魏军的必经之路设置伏兵,并在一棵树的树干上写了"庞涓死于此树下"几个大字,以火光为号,只要看见树下有火便万箭齐发。庞涓携带少量部队追到此处后果然中计,庞涓眼看突围无望最后自刎而亡。孙膑则趁士气高昂之际回师猛攻后方的魏军,全歼魏国 10 万精锐部队。

桂陵之战是魏国和齐国的首次交锋,马陵之战则是齐国和魏国矛盾的爆发点,经过两次伏击战魏国彻底失去了称霸的资本,战国七雄的局面日益形成,直到后来秦国崛起一统天下。

◎ 波音公司称霸民航

威廉・波音于 1916 年 7 月 1 日创建了太平洋航空制品公司,1917 年改名为波音公司。一战期间,波音公司生产的 C 型水上飞机博得美国海军的青睐,波音公司也在美国飞机制造业中担当起一个不可替代的重要角色。

20 世纪 30 年代中期,波音公司开始研制大型轰炸机,研制出赫赫有名的 B-17、B-29 轰炸机。"二战"期间,这些轰炸机为战争的胜利做出了重要的贡献,波音公司也借此成为最大的军机制造商。同时,在大量的军事需求的刺激下，波音公司的生产能力得到巨大发展，仅 B-17 轰炸机在"二战"期间就生产了 1.27 万架。

然而，好景不长，战争结束后，美国军方取消了尚未交货的全部订单，致使美国飞机制造业陷于瘫痪状态，波音公司也不例外。不过，威廉·波音并没有因此泄气，而是进行了深刻的反思，并采取了相应措施，果断地调整经营方向。

一方面，威廉·波音继续保持和军方的联系，随时了解军用飞机发展的趋势和军方的要求，以便能及时满足军方需要。这样军方就不会介意，而其他飞机制造商也难以乘虚而入。另一方面，考虑到军方暂时不会有新的订单，完全可以抽出主要人力、财力，开发民用商业飞机。为了保证这一策略的顺利实行，波音公司非常注意吸收和培养人才，并给予他们充分的权利，把主要力量投入民用飞机的研制上，从单一生产军用飞机的旧壳中脱颖而出。

威廉·波音

1957 年，波音公司在 KC-135 空中加油机的基础上研制出波音 707 客机，这是波音公司的首架喷气式民用客机，共获得上千张订单。此时其他公司的喷气式客机还在缓慢地研制中，有的甚至还停留在图上作业阶段。他们都没有像波音公司那样迅速地推出新型民用飞机，于是波音公司走在了同行的前面。

此后,波音公司在喷气式商用飞机领域内一发不可收,先后发展了波音717、波音727、波音737、波音747、波音757、波音767、波音777、波音787等一系列型号,逐步确立了全球主要的商用飞机制造商的地位。其中,波音737是在全世界被广泛使用的中短程窄体民航客机,而波音747一经问世就长期占据了世界最大的远程宽体民航客机的头把交椅,直到2008年才被空中客车A380取代。

波音747客机

从波音公司的成功事例中,我们可以看出一个公司要想获得长远的发展,就要随时观察市场,适应市场受众的新需求,制造应对市场变化的新产品。正所谓"兵无常势,水无常形",实际商业运用能因市场变化而变化,才能获得较好的商业回报。

第7章 军争篇

军争篇是《孙子兵法》的第七篇，着重讲述两军争利争胜的问题。该篇的主要内容包括：如何运用"迂直之计"，避免"军争为危"的情况，"兵以诈立"的行动方法，"金鼓旌旗"的指挥系统，"四治战法"的灵活运用，以及"用兵八戒"的战术原则等。

【原　文】

孙子曰：凡用兵之法，将受命于君，合军聚众[1]，交和而舍[2]，莫难于军争[3]。军争之难者，以迂为直，以患为利[4]。故迂其途，而诱之以利，后人发，先人至[5]，此知迂直之计者也。

故军争为利，军争为危。举军而争利，则不及[6]；委军而争利，则辎重捐[7]。是故卷甲而趋，日夜不处，倍道兼行，百里而争利，则擒三将军[8]。劲者先，疲者后，其法十一而至[9]。五十里而争利，则蹶上将军，其法半至；三十里而争利，则三分之二至。是故军无辎重则亡，无粮食则亡，无委积[10]则亡。

故不知诸侯之谋者，不能豫交[11]；不知山林、险阻、沮泽之形者，不能行军；不用乡导[12]者，不能得地利。

故兵以诈立，以利动，以分合为变者也。故其疾如风，其徐如林[13]，侵掠如火，不动如山，难知如阴，动如雷震。掠乡分众，廓地分利，悬权而动。先知迂直之计者胜[14]，此军争之法也。

《军政》曰："言不相闻[15]，故为金鼓；视不相见，故为旌旗。"夫金鼓、旌旗者，所以一人之耳目[16]也。人既专一，则勇者不得独进，怯者不得独退，此用众之法也。故夜战多金鼓，昼战多旌旗，所以变人之耳目[17]也。

故三军可夺气，将军可夺心[18]。是故朝气锐，昼气惰，暮气归。故善用兵者，避其锐气，击其惰归，此治气者也。以治待乱，以静待哗，此治心者也。以近待远，以佚待劳，以饱待饥，此治力者也。无邀正正之旗[19]，勿击堂堂之阵[20]，此治变[21]者也。

故用兵之法，高陵勿向[22]，背丘勿逆[23]，佯北勿从[24]，锐卒勿攻，饵兵勿食[25]，归师勿遏，围师必阙，穷寇勿迫，此用兵之法也。

【注　释】

[1] 合军聚众：合，集合，这里引申为组织编制。合军聚众，把人们聚集起来，组成军队。

[2] 交和而舍：和，通"合"，古代的军门称为合门。交和而舍，指两军处于对峙状态。

[3] 军争：军，军事，这里指作战。军争，在作战中，争取夺得胜利的有利条件。

[4] 以迂为直：指把迂回曲折的弯路变为近便的道路。以患为利：指把有害的事情变为有利的事情。

[5] 后人发，先人至：比敌军晚出动，比敌军先到达战地。
[6] 举军而争利，则不及：举，全，尽。举军，指全部携带武器辎重的军队。举军而争利，率领全部武器辎重的军队去争夺先机之利，就会因行动迟缓而不能按时到达。
[7] 委军而争利，则辎重捐：委，委弃，选择。委军，指丢弃辎重的军队。委军而争利，则辎重捐，意为率领委军去争夺先机之利，那就会把作战必需的重装备和辎重都丢掉。
[8] 擒三将军：三将军，指上、中、下或左、中、右三军将领。擒，被擒。擒三将军，三军将领都被擒。
[9] 其法十一而至：法，方法。十一，十分之一。其法十一而至，用这种方法，只有十分之一的人能按时到达目的地。
[10] 无委积：委积，储备物资。无委积，指没有储备物资。
[11] 豫交：豫，通"与"。豫交，与之结交。
[12] 乡导：乡，通"向"。
[13] 其徐如林：用兵舒缓是像树林那样轻轻晃动。
[14] 先知迂直之计者胜：率先了解和运用迂直之计的人会取得胜利。
[15] 言不相闻：作战时，以语言指挥，声音听不清楚。
[16] 一人之耳目：一，统一、一致。人，指士卒。一人之耳目，指进而统一士卒们的行动。
[17] 变人之耳目：变，这里作"适应""便利"解。变人之耳目，适应士卒的耳目。
[18] 三军可夺气，将军可夺心：三军之众可以使它丧失掉锐气，也可以使将帅们失掉坚强的决心和意志。
[19] 无邀正正之旗：不要邀击旗帜严整、队列雄壮的敌军。
[20] 勿击堂堂之阵：不要去攻击阵容强大、实力雄厚的敌军。
[21] 治变：变，这里指机变。治变，掌握机变的方法。
[22] 高陵勿向：不要去攻击占据了高地的敌军。
[23] 背丘勿逆：不要去攻击背靠着丘陵的敌军。
[24] 佯北勿从：不要去攻击假装打了败仗的敌军。
[25] 饵兵勿食：不要贪食敌人的诱饵之兵。

【译　文】

孙子说：用兵的原则，将领接受君命，从召集军队，安营扎寨，到开赴战场与敌对峙，没有比率先争得制胜的条件更难的事了。"军争"中最困难的地方就在于以迂回进军的方式实现更快到达预定战场的目的，把看似不利的条件变为有利的条件。所以，由于我迂回前进，又对敌诱之以利，使敌不知我意欲何去，因而出发虽后，却能先于敌人到达战地。能这么做，就是知道迂直之计的人。"军争"为了有利，但"军争"也有危险。带着全部辎重去争利，就会影响行军速度，不能先敌到达战地；丢下辎重轻装去争利，装备辎重就会损失。卷甲急进，白天黑夜不休息地急行军，奔跑百里去争利，则三军的将领有可能会被俘获。健壮的士兵能够先到战场，疲惫的士兵必然落后，只有十分之一的人马如期到达；强行军五十里去争利，先头部队的主将必然受挫，而军士一般仅有一半如期到达；强行军三十里去争利，一般只有三分之二的人马如期到达。这样，部队没有辎重就不能生存，没有粮食供应就不能生存，没有战备物资储备就无法生存。

所以不了解各诸侯国的图谋，就不要和它们结成联盟；不知道山林、险阻和沼泽的地形分布，不能行军；不使用向导，就不能掌握和利用有利的地形。

所以，用兵是凭借施诡诈出奇兵而获胜的，根据是否有利于获胜决定行动，根据双方情势或分兵或集中为主要变化。按照战场形势的需要，部队行动迅速时，如狂风飞旋；行进从容时，如森林徐徐展开；攻城略地时，如烈火迅猛；驻守防御时，如大山岿然；军情隐蔽时，如乌云蔽日；大军出动时，如雷霆万钧。夺取敌方的财物，应分兵行动。开拓疆土，分夺利益，应该分兵扼守要害。这些都应该权衡利弊，根据实际情况，相机行事。率先知道"迂直之计"的将获胜，这就是军争的原则。

《军政》说："在战场上用语言来指挥，听不清或听不见，所以设置了金鼓；用动作来指挥，看不清或看不见，所以用旌旗。"金鼓、旌旗，是用来统一士兵的视听，统一作战行动的。既然士兵都服从统一指挥，那么勇敢的将士不会单独前进，胆怯的也不会独自退却。这就是指挥大军作战的方法。所以，夜间作战，要多处点火，频频击鼓；白天打仗要多处设置旌旗。这些是用来扰乱敌方的视听的。

对于敌方三军，可以挫伤其锐气，可使丧失其士气，对于敌方的将帅，可以动摇他的决心，可使其丧失斗志。所以，敌人朝气初至，其势必盛；陈兵至中午，则人力困倦而气亦怠惰；待至日暮，人心思归，其气益衰。善于用兵的人，敌之气锐则避之，趁其士气衰竭时再发起猛攻。这就是正确运用士气的原则。用治理严整的我军来对付军政混乱的敌军，用我镇定平稳的军心来对付军心躁动的敌人。这是掌握并运用军心的方法。以我就进入战场而待长途奔袭之敌；以我从容稳定对仓促疲劳之敌；以我饱食之师对饥饿之敌。这是懂得并利用治己之力以困敌人之力。不要去迎击旗帜整齐、部伍统一的军队，不要去攻击阵容整肃、士气饱满的军队，这是懂得战场上的随机应变。

所以，用兵的原则是：对占据高地、背倚丘陵之敌，不要正面仰攻；对于假装败逃之敌，不要跟踪追击；敌人的精锐部队不要强攻；敌人的诱饵之兵，不要贪食；对正在向本土撤退的部队不要去阻截；对被包围的敌军，要预留缺口；对于陷入绝境的敌人，不要过分逼迫，这些都是用兵的基本原则。

【编者解读】

军争篇主要讲述两军争利争胜的问题，具体内容包括：如何运用"迂直之计"，避免"军争为危"的情况，"兵以诈立"的行动方法，"金鼓旌旗"的指挥系统，"四治战法"的灵活运用，以及"用兵八戒"的战术原则等。这些战法和作战原则，是战争经验的总结，奥妙无穷。

所谓"迂直之计"，是故意走迂回的道路而对敌人"诱之以利"，欺骗迷惑敌人，使敌人做出错误的行动，方可"后人发，先人至"，形成对我方有利的战局。运用"诡道"，变迂为直，变患为利，这就是"知迂直之计者也"。至于如何用"计"，主要是"迂途""利诱"，因为"兵无成势，无恒形"，必须"因敌变化"（虚实篇）。

"军争"有"利"的一面，又有"危"的一面，这是孙子对战争决策者发出的警告。他列举"举军而争利""委军而争利""百里而争利""五十里而争利"等情况会出现的危险局面。特别是"百里而争利，则擒三将军"；"五十里而争利，则蹶上将军"。这绝不是危言耸听，而是确实会发生的。战国时期魏将庞涓追逐齐将孙膑，"卷甲而趋，日夜不处，倍道兼行"，结果在"马陵道"，被齐军万弩齐发而射杀，魏全军覆没。

用兵争胜，应该灵活多变。"兵以诈立，以利动，以分合为变者也"；这就是军争者应有的风格。军争用兵，或快或慢，或进击或不动，使人难知其动态，而一动起来就威力无比。孙子描写说："其疾如风，其徐如林，侵掠如火，不动如山，难知如阴，动如雷震。"日本名将武田信玄特别赞赏孙子的用兵方法,并把"风林火山"四个大字书于旌旗而竖于军门,以壮军心。这是日本名将学习《孙子兵法》并用于军争实践的佳话。

军队作战的指挥方法,古代与现代根本不同。古代指挥作战用金鼓、旌旗。击鼓令前进、冲锋,鸣金令撤退、收兵。旌旗指示军队前进的方向,士兵跟着旌旗勇往直前。古代作战要求集体行动,士兵们在金鼓、旌旗的指挥下,"勇者不得独进,怯者不得独退",部队汇成一股洪流,这就是军争的"用众之法也"。春秋时齐晋鞌之战,晋帅郤克因中箭受伤,其驾车者解张左手并执两根缰绳,右手持鼓槌代郤克击鼓。晋军并没有因主帅受伤而停止进攻,全军只听鼓声的指挥而奋勇冲击,因而获得大胜。

军争作战,必须注意"四治",即"治气""治心""治力""治变"。"避其锐气,击其惰归",这是"治气"的战法;"以治待乱,以静待哗",这是"治心"的战法;"以近待远,以佚待劳",这是"治力"的战法;不要从正面邀击堂堂正正的大部队,而从侧后进行偷袭或伏击,这是"治变"的战法。这"四治"战法,效果极佳。特别是"避其锐气,击其惰归"的主张,已成为著名的军事原则,为后人所重视和广泛运用。

用兵军争,还有八条原则,学术界称为"用兵八戒",即敌人占领高陵,不要向上仰攻;敌人背靠高丘,不要正面迎击;敌人假装败走,不要跟从追击;敌人的精锐部队,不要直接硬攻;敌人用"饵兵"引诱,不要捕捉;正在向本国回归的军队,不要阻截;包围敌军,要留下缺口;走投无路的敌寇,不要过分逼迫。上述八条用兵戒律,是从当时的战争经验中总结出来的,有很多"从之者胜,违之者败"的战例。

经典战例

◎ 蜀魏汉中之战

汉中之战从公元217年至公元219年5月,持续了将近两年之久。曹刘双方都投入了非常多的战力，刘备方参战将领有张飞、马超、赵云、黄忠等，曹操方参战将领有夏侯渊、曹休、曹真、张郃、徐晃、郭淮等，都是三国时期的名将，可谓一场势均力敌的战争。

公元208年，刘备与孙权结成联盟于赤壁之战大破曹操之后，收复荆州各郡。刘备以荆州为根据地，进而攻占蜀川。与此同时，曹操击败以马超、韩遂为首的关中联军，进而攻占张鲁占据的汉中。汉中与蜀中相接，曹操进军汉中给刚刚易主的蜀中百姓带来不小的震动。司马懿劝谏曹操可趁机攻占蜀中，但当时曹操后方发生叛乱，曹操留夏侯渊、郭淮、徐晃、张郃等镇守汉中，并让张郃进攻巴西。

公元215年，镇守荆州的关羽与孙权发生矛盾，孙权派人袭取荆州，刘备率军支援关羽。而此时张郃深入巴西，已经攻打到宕渠一带。刘备忙与孙权讲和，湘水划界后，率领张飞于瓦口关大破张郃。张郃退走后，刘备在法正、黄权等人的建议下，率领大军攻打汉中。

公元217年，刘备派遣张飞、马超、雷铜、吴兰等人攻打下辩，曹操派遣曹洪、曹休、曹真抵挡。

公元218年，张飞屯兵固山，作出要截断曹洪后方的样子，但被曹休识破。曹洪在曹休的建议下，趁蜀军兵力尚未集结之时袭击吴兰，雷铜、吴兰等战死，马超、张飞于是退走。刘备又派遣将领陈式去攻打马鸣阁道，打算断绝汉中与许都的联系，但被徐晃击败，死伤甚多。农历七月，刘备亲自率军占据阳平关。曹操在许都治兵，准备救援汉中。农历九月，曹操率军抵达长安。

公元219年农历正月，刘备经过充分策划和准备，放弃阳平关，悄悄南渡汉水支流沔水，沿南岸山地东进，一举占领了军事要地定军山。刘备军有了定军山，既打开了益州通向汉中的门户，又威胁到阳平关曹军之侧翼，可谓占尽优势。为了扭转劣势，夏侯渊被迫引阳平关之兵东移，与刘备争定军山。为防刘备进军北上，曹军于汉水南岸和定军山东建营垒、修围寨、设鹿角。刘备军早有所图，夜袭曹营，火烧南围鹿角，此乃《孙子》所说的"攻敌之所必救"。

夏侯渊命张郃守东围，自引轻骑往救南围，不料中了刘备诱敌之计。刘备军趁夏侯渊不在，急攻东围，并派黄忠领精兵埋伏东南围之间险要地段。刘备军急攻之下，张郃独木难支，夏侯渊只好急忙回救，途中，落入黄忠埋伏圈。位置居高临下的黄忠，以逸待劳，突然袭击行军中的夏侯渊军。

夏侯渊军猝不及防，战败溃逃，夏侯渊也死于乱军中。此后，刘备乘胜追击，扩大战果，最后占据了汉中西部各重要险地。

清版《三国演义》黄忠像

军争篇说："军争之难者，以迂为直，以患为利。故迂其途，而诱之以利，后人发，先人至，此知迂直之计者也。"定军山一役，刘备正是做到了"以迂为直，以患为利"才取得胜利。战役初期由于错误地只把目光盯在阳平关，刘备军无法打开局面，长此下去，必然困顿疲惫，完全处于被动之势。此时，他及时修改战略，先据险地，占领定军山，于是变被动为主动，由受制于人变为制人，同时采用了合理的战术，通过攻敌之所必救来调动敌军，使敌军疲于奔命，最终以逸待劳，取得定军山一役的胜利。

公元219年农历三月，曹操率领大军抵达汉中地界，进驻阳平关。得知曹操亲率大军前来，刘备说："曹公虽来，无能为也，我必有汉川矣。"他清醒认识到己方兵力虽处于劣势，却占尽了地利，何况曹军劳师袭远，补给线过长，在不得地利的情况下无法保证补给，必不能久战。于是刘备利用有利的地形，扼守险要之地而不与之战，同时遣游兵袭扰曹军后方，劫其粮草，断其粮道，加速曹军补给极限的到来。

果然，曹军攻险不下，求战不能，粮食不继，以致军心涣散，兵无斗志，不时出现逃兵。如此坚持一个月后,曹军不得不在"鸡肋"的暗号声中放弃汉中,撤回关内。最终,整个汉中争夺战以刘备方全面胜利而结束。

尚婢婢斩论恐热

公元842年(唐会昌二年)十二月,吐蕃赞普达磨去世。达磨没有儿子继位,佞相与达磨之妃琳氏合谋,将琳妃之兄的儿子年仅三岁的乞离胡立为赞普,由佞相和琳妃控制朝政。重臣结都那反对立乞离胡为赞普,被佞相领兵攻杀,吐蕃陷入内乱。

洛门川(治所位于今甘肃省武山县东南)讨击使论恐热称"无大唐册命,何名赞普",以讨伐佞相的名义率领万名骑兵向首府逻些进发,在薄寒山、松州(治所位于今四川省松潘县)和渭州(治所位于今甘肃省陇西县)等地击败相国尚思罗部众,兼并其8万名军士。论恐热本意是借讨伐佞相和琳妃为名夺取朝政大权,他担心鄯州(治所位于今青海省乐都区)节度使尚婢婢可能率兵从其背后袭击,决定暂停进攻逻些,转而领兵攻打鄯州,以解除后顾之忧。

公元843年六月,论恐热率10万名军士进攻鄯州。尚婢婢知道仅靠鄯州守军迎击论恐热大军难以取胜,便与部将策划,假称服从论恐热,使之骄傲麻痹,松懈防备,然后设计将其击败。

尚婢婢下令部众不要出击,主动派人给论恐热的将领送去牛肉、酒、金银和布帛,犒劳其官兵,同时给论恐热送去一封亲笔信,称赞他举义兵匡救国难,受到全国民众拥戴,自称唯一的爱好是读书,无意继续在鄯州当刺史,只想退官闲居。论恐热看了尚婢婢的书信后十分高兴,对诸将说:"尚婢婢唯一的爱好是看书,哪里知道用兵?等我当上赞普后,就是任命他当丞相,他成天坐在家里,也不会有什么作为。"论恐热给尚婢婢回信加以安抚,然后率部撤离鄯州。

尚婢婢听说论恐热领兵离去,笑着对其部下说:"我国目前没有国主,我们应当归附大唐,怎么能顺从论恐热这个叛贼?"

九月,论恐热率其部众退至大夏川(位于今甘肃省广河县境内)。尚婢婢见论恐热不再对他戒备,派部将庞结心和莽罗薛吕率5万名精兵前往袭击论恐热部众。莽罗薛吕在河州(治所位于今甘肃省临夏市)南面埋下4万名伏兵,庞结心在附近树林中埋伏1万名骑兵。之后,庞结心派出千名骑兵佯攻,把辱骂信射入论恐热的军营。

论恐热看信后勃然大怒,随即率领数万名骑兵向厖结心的诱兵冲杀过来。厖结心的诱兵假装逃走。论恐热领兵追击数十里,进入尚婢婢布下的伏击圈。莽罗薛吕和厖结心率领两路伏兵一齐冲杀出来。论恐热部众两面受敌,退路被切断,全军覆没,"伏尸五十里,溺死者不可胜数"。论恐热单枪匹马逃遁而去。后来,尚婢婢部将拓跋怀光领兵攻入廓州(治所位于今青海省化隆回族自治县),将论恐热活捉并斩首。

在这一场战役中,论恐热大败,原因是他太轻敌,被尚婢婢的"迂回路线"所迷惑,这种盲目自大实在是兵家大忌。尚婢婢恰恰是认识到了敌我双方的实力,采取隐忍、迂回的作战路线,故意引诱敌方轻视己方实力,最后一举歼敌。

微软拯救苹果

众所周知,微软公司和苹果公司是彼此的劲敌。从两家公司刚成立不久开始,就已拼得你死我活了。

1997年,奔腾处理器的发布让个人计算机的性能突飞猛进,Windows 和 Office 已经成为行业标准。微软一路高歌猛进,营收超过110亿美元,收入回报率超过30%。与此形成鲜明对比的是,苹果的产品销售停滞不前,公司濒临破产。

让苹果深陷泥潭的罪魁祸首是 PowerBook 5300 笔记本电脑。虽然这款产品发布后受到广大消费者的喜爱,但是它的锂离子电池被爆出存在安全隐患,很有可能发生自燃。雪上加霜的是,这款笔记本电脑还缺少二级高速缓存,严重影响了系统性能。这些问题导致苹果的股票价值大幅缩水。1997年7月9日,苹果时任 CEO 吉尔·阿梅里奥被公司董事会罢免。随后,史蒂夫·乔布斯回到苹果重新掌舵。

苹果 PowerBook 5300

1997 年 8 月，乔布斯在麦金塔世界博览会上宣布，微软已经承诺给苹果投资 1.5 亿美元。此言一出，满座皆惊。在台下观众的惊呼声中，乔布斯表示，微软将为 Mac OS 开发一系列应用程序，包括 Office 的原生版本。作为回报，苹果放弃对微软的诉讼，并且在每一套 Mac OS 操作系统中捆绑 IE 浏览器。

史蒂夫·乔布斯

根据硅谷的传说，在苹果最黑暗的时刻，微软的投资"拯救"了苹果。

然而事实情况是，微软并不在乎为 Mac 开发应用程序，至少在当时是这样。微软需要做一些好的公关活动来提高自己的声誉，而拯救自己身处困境的敌人是实现这个目标的绝佳方式。乔布斯是比尔·盖茨真心尊重的人，但也是他迫切希望击败的竞争对手。

比尔·盖茨

很多人不知道的是，微软对苹果的投资是微软与苹果在 QuickTime 视频编解码器上存在的法律纠纷的直接后果。1992 年，苹果曾起诉软件开发商旧金山峡谷公司，原因是该公司涉嫌使用苹果公司专有 QuickTime 代码的一部分用于 Windows 应用程序 QuickTime 的开发。微软 1.5 亿美元投资苹果并不是敌人之间展现的善意举动，也不是为一家创新但苦苦挣扎的公司抛出的橄榄枝。这是法院向微软提出的和解方案的一部分。盖茨不关心拯救苹果，他只是需要让一场会给自己带来麻烦的诉讼尽快结束，同时希望这次投资能为微软赢得一些急需的积极公关。尽管这可能是一种讽刺，但不可否认，这是盖茨作出的一个明智举动。

盖茨雄心勃勃地想要不惜任何代价为自己的公司争取尽可能多的市场份额，这让盖茨和保罗·艾伦在短短 6 年内成为亿万富翁，但这也让公司变得脆弱。正如微软面临的频繁的法庭争斗所显示的那样，微软已经做好了一切准备来控制不断增长的个人电脑市场，而微软为击垮所有竞争对手所做的一切有可能会毁掉整个公司。

微软向苹果伸出的橄榄枝震惊了科技界和商界。《纽约时报》观点栏目撰文称："即使是在网络领域，此时此刻也只能用超现实主义来解释。"事实上，盖茨这一招"以迂为直"的策略运用得非常精妙，他思考得比较全面具体，能够将自己的劣势通过苹果的优势一点一滴地补回来。

第8章 九变篇

九变篇是《孙子兵法》的第八篇,主要讲述战场上的变化和变通,集中体现了孙子随机应变、灵活机动的作战指挥思想。

【原　文】

孙子曰：凡用兵之法，将受命于君，合军聚众。圮地无舍[1]，衢地交合[2]，绝地无留[3]，围地则谋[4]，死地则战[5]。

涂有所不由[6]，军有所不击[7]，城有所不攻，地有所不争，君命有所不受。故将通于九变之地利者，知用兵矣。将不通于九变之利，虽知地形，不能得地之利矣。

治兵不知九变之术，虽知五利[8]，不能得人之用[9]矣。是故智者之虑[10]，必杂于利害[11]。

杂于利，而务可信[12]也；杂于害，而患可解[13]也。

是故屈诸侯者以害，役诸侯者以业，趋诸侯者以利。

故用兵之法，无恃其不来[14]，恃吾有以待也；无恃其不攻，恃吾有所不可攻也。

故将有五危：必死可杀，必生[15]可虏，忿速[16]可侮，廉洁可辱，爱民[17]可烦。凡此五者，将之过也[18]，用兵之灾也。覆军杀将，必以五危，不可不察也。

【注　释】

[1] 圮地无舍：圮，倒塌、毁坏。圮地，按梅尧臣注："山林、险阻、沮泽之地。"舍，住舍，这里指的是部队宿营。圮地无舍，这里是指在山林、险阴、沼泽的地方不能宿营。

[2] 衢地交合：衢地，这里指与邻国相接四通八达的地方。交合，结合，这里是指与其他诸侯国结交。衢地交合，指在与多国相邻的地方要重视与邻国结交。

[3] 绝地无留：绝地，缺乏生存条件或地形十分险恶的地方。留，逗留。绝地无留，意思是指在缺乏生存条件或地形十分险恶的地方，部队不能停留。

[4] 围地则谋：围，包围，是指四面地形险恶，敌可往来，我难出入之地。谋，这里指的设谋。围地则谋，当部队进入四面地形险恶、敌军可以任意往来而我军却难以出入的地区应当设计尽快离开。

[5] 死地则战：死地，前无进路、后有追兵之地。死地则战，当部队陷入前无进路、后有追兵的死地时只有与敌决战。

[6] 涂有所不由：涂，通"途"，道路。涂有所不由，意为部队进军时，有

些道路不能走。

[7] 军有所不击：对于有的敌人不能进行攻击。

[8] 五利：指五变之利，具体指"涂有所不由"到"君命有所不受"的五变之利。

[9] 得人之用：人，这里指的是军队将士。用，作用，这里可引申为战斗力。得人之用，意思是指充分发挥全军的战斗力。

[10] 智者之虑：聪明的人思考问题。

[11] 杂于利害：杂，掺杂、混合。杂于利害，思考问题既考虑有利的一面，也要考虑有害的一面。

[12] 务可信：务，任务。信，通"伸"，这里引申为完成、成功。务可信，这里指任务可以成功。

[13] 患可解：患，灾祸。患可解，灾祸可以解除。

[14] 无恃其不来：恃，依靠。其，代指敌军。无恃其不来，不要寄希望于敌军不来进犯。

[15] 必生：生，这里指的是贪生。必生，一味贪生。

[16] 忿速：忿，愤怒。忿速，这里指性情急暴，容易愤怒、偏激。

[17] 爱民：这里指"仁人爱民"之心。

[18] 将之过也：将领的过失。

【译　文】

孙子说：用兵的原则，将领接受国君的命令，召集人马组建军队，在难于通行之地不要驻扎，在四通八达的交通要道要与四邻结交，在难以生存的地区不要停留，要赶快通过，在四周有险阻容易被包围的地区要精于谋划，误入死地则须坚决作战。有的道路不要走，有些敌军不要攻，有些城池不要占，有些地域不要争，君主的某些命令也可以不接受。

所以将帅精通"九变"的具体运用，就是真懂得用兵了；将帅不精通"九变"的具体运用，就算熟悉地形，也不能得到地利。指挥作战如果不懂"九变"的方法，即使知道"五利"，也不能充分发挥部队的战斗力。

智慧明达的将帅考虑问题，必然把利与害一起权衡。在考虑不利条件时，同时考虑有利条件，大事就能顺利进行；在看到有利因素时同时考虑到不利因素，祸患就可以排除。因此，用最令人头痛的事去使敌国屈服，用复杂的事变去使敌国穷于应付，以利益为钓饵引诱敌国疲于奔命。所以用兵的原则是：不抱敌人不会来的侥幸心理，而要依靠我方有充分准备，严阵以待；不抱敌人不会攻击的侥幸心理，而要依靠我方坚不可摧的防御，不会被战胜。

所以，将领有五种致命的弱点：坚持死拼硬打，可能招致杀身之祸；临阵畏缩，贪生怕死，则可能被俘；性情暴躁易怒，可能受敌轻侮而失去理智；过分洁身自好，珍惜声名，可能会被羞辱引发冲动；由于爱护民众，受不了敌方的扰民行动而不能采取相应的对敌行动。所有这五种情况，都是将领最容易有的过失，是用兵的灾难。军队覆没，将领牺牲，必定是因为这五种危害，因此一定要认识到这五种危害的严重性。

【编者解读】

在中国古代文化中，"九"是虚数，泛指多数。九是数之最大，常常用来形容不可穷尽、无涯无际的事物，所以天有九重，地有九层。也常常用九来象征无限，如华夏列为九州，宫门建成九重，唐僧西天取经，也要历经"九九八十一难"。因此，九之数，有虚有实，但无论虚实，都是极言其多；除具体的计算而外，即便有实物为证，九，仍然是多的代表。孙子九变篇中之"九"，也是多的意思，尽管某些时候，孙子所列情形确为九种，也不可拘泥于此数，而应将实数之九视为无穷数中的典型代表，是举其要者而包容其他，择其典型而概括一般。清代学者汪中指出："生人之措辞……约之以九以见其极多"（《述学·释三九》）。变：指改易、机变。《周易·系辞上》称："一阖一辟谓之变。"唐代孔颖达《正义》释云："一阖一辟谓之变者，开闭相循，阴阳递至。"可见本篇以"九变"命题，指的是军事行动中灵活机动，应变自如。战争中，什么样的情况都可能遇到，想象不到的事情都可能发生，远非孙子所列诸项可以尽包。如果仅将视野、思路局限于列出之数，那么，势必陷于刻板，稍有变化便无所适从，失败在所难免。

换言之，本篇的主旨是论述在作战行动过程中，战争指挥者如何根据特殊的情况，灵活地变换战术，以赢得作战的胜利，它集中体现了孙子随机应变、灵活机动的作战指挥思想。

用兵打仗贵在灵活机动、随机应变，拘泥常法、一成不变必然导致覆军杀将，辱身误国，这一认识始终是孙子心中不可动摇的准则。在孙子看来，灵活用兵，是通往胜利彼岸的舟楫，是走向光辉顶点的阶梯，指挥者不论在何时何地都不能违背"因敌制胜"原则的精神。正是基于这样的考虑,孙子在本篇一开始就特地强调将帅应该根据五种不同的地理条件实施灵活机动的作战策略,并明确提出了以"五不"为具体内容的随机应变处置军事行动的基本原则。

这里特别值得注意的是,孙子以"九变"原则来观照和认识作战上的指挥问题。他既提出了一些行军作战的常法,"圮地无舍,衢地合交,绝地无留,围地则谋,死地则战",但更强调了作战指挥者根据具体情况灵活变化,机断指挥,不囿于一时一地的得失,立足全局进行指导:"涂有所不由,军有所不击,城有所不攻,地有所不争,君命有所不受。"并把将帅能否精通各种机变的利弊,看作是否懂得用兵,能否把握主动、夺取胜利的显著标志,指出"治兵不知九变之术,虽知五利,不能得人之用矣"。

至于能否高明地驾驭"九变",真正做到随机制宜,因敌变化,孙子认为关键在于将帅是否能全面、辩证地看待和解决问题,见利思害,见害思利,从而趋利避害,防患于未然,制敌于先机。

战争和世界上的其他事物一样,也存在着两重性,敌对双方往往都是利与害兼而有之,而趋利避害又是战争活动的普遍法则,因而辩证地把握战争中的利害关系,是指挥者应具备的基本素质。指挥者在从事军事活动时,一定要克服认识上的片面性,因为见利而忘害,不利的因素就可能恶性发展,最终影响整个战争的结局;见害而忘利,则有可能使自己丧失必胜的信心和斗志,不再去通过自己不懈的努力而有所作为。所以,真的要灵活机变,牢牢掌握战争的主动权,就必须先拥有"杂于利害"的哲学智慧,这样方可在复杂激烈的战争活动中游刃有余,稳操胜券。

按照哲学原理,事物的存在与变化,内因永远是占主导地位的,起着决定性的作用,而外因只是变化的重要条件。因此,能否灵活机动、随机应变,不在于敌方的因素,而在于自己的条件。孙子对这种内外因关系有着直觉的体认,进而深刻地阐述了有备无患的备战思想。"故用兵之法,无恃其不来,恃吾有以待也;无恃其不攻,恃吾有所不可攻也。"即从辩证的利害观出发,除了在设法以利害屈敌制敌的同时,努力做好自身的利害转化工作,进行充分的准备,具备坚强的实力,扬己之长,去己之短,使得敌人不敢轻举妄动;即使是敌人利令智昏,冒险进犯,我方也可以以己之利击彼之害,主动灵活,确保战争的胜利。

『第 8 章 九变篇』

就是对于国君的命令,也要采取同样的态度,适于具体情况,有利克敌制胜的命令,自然应该遵照执行;而不符合实际情况,于克敌制胜毫无用处,甚至变为有阻碍破坏作用的瞎指挥,就绝对不能执行,故曰"君命有所不受"。这一观点与谋攻篇中对"君患于军"和"将能而君不御"的思想一脉相承。孙子在吴王宫中演练兵法时,按军纪斩杀了吴王宠爱的两位妃子,便曾对吴王说过"将在军,君命有所不受"的话,驳回了吴王的求情。

"君命有所不受",是对上述九种常见情况的结语,不属于"地利之变"的范畴。它也是对将帅素质要求的开启。因为依据实际情况就地形而作出变通,有足够的智慧、清醒的头脑便可以完成;而对君王的命令要作出取舍遵违的判断,在智慧之外还需要有过人的胆识和承担风险的勇气。因而可以说,"变",首先是对将帅的最起码的也是最高标准的要求。孙子反复说明将帅应精通于"九变之术",并特别强调对"九变"不通、不知者,便不能胜任用兵之责。这里,孙子把"通于九变"视为将帅必备的素质,与始计篇中"将之五德"(智、信、仁、勇、严),将"智"列于首位是一致的。

要真正成为智者,就必须克服片面性,能够全面地辩证地看问题。"智者之虑,必杂于利害"。只看到有利的一面,或只看到不利的一面,都不能作出正确的判断,距离胜利就相当遥远了。在有利的形势下看到不利的方面,在不利的形势下能看到有利的方面,兼顾利害两个方面,就既可增强胜利的信心,使战争沿着预期的方向发展,又可防患未然,避免意外的变故发生,免遭不必要的损失。同样,只有根据实际情况分别晓以利或施以害,才能使别的诸侯国或屈服于我,或被我奴役,或任我调遣。对于敌人,就是要尽量造成和扩大其困难的方面,使其由利变害,由小害变为大害。在我军方面,则要防患未然,化害为利(军争篇有"以患为利"),以利制害,用我们充分的准备("有以待之""有所不可攻"),使敌人无机可乘,无懈可击,而绝不抱任何不切实际的幻想,更不寄希望于敌人的慈悲。

由此可见,孙子的备战思想,在一定意义上也可以称作积极的趋利避害固本论,是孙子"九变"原则在战备问题上的必然体现。

同时,为了真正更好地贯彻"九变"的灵活作战指导原则,孙子特别重视将帅队伍的建设。在本篇结尾处,孙子语重心长地指出了"将有五危",

从思想水平和性格特征方面，强调了将帅素质的重要性。致敌必死，保己必生，刚烈不屈，廉洁爱民，就是为将帅者的基本特征，但如若走向片面，要防止自己性格上"必死""必生""忿速""廉洁""爱民"等五种缺陷，不从实际情况出发相机变通，而是感情用事、缺乏理性思考，就会招致"覆军杀将"的悲剧。这里，孙子告诫将帅们在临敌运用时应精于变通，其实孙子在文中也很好地表现了变通（或曰辩证）的观点。证之以"将之五德"，勇者一定杀敌必死，信者自然廉洁好名，仁者无不爱民保民，而"杀敌者，怒也"（作战篇），凡此种种，都是孙子正面肯定的观点，在此处却成为将帅们致命的弱点。这当然不是孙子自相矛盾，而是依据实际情况或不同境遇所作的权变，其中关键的因素是分寸，相当于今天我们所说的"度"。正如"真理与谬误只有一步之遥"那样，任何偏误都将有可能将事物的发展引向其反面。"将之五危"也并不是一概地否定"必死""必生""忿速""廉洁""爱民"，而是强调凡事不可过分，应较之以利害，有所为而有所不为。

孙子的"九变"原则，深刻反映了客观世界矛盾存在的多样性和复杂性，深刻反映了矛盾运动，特别是矛盾转化过程中，各种机遇出现的偶然性和短促性。世界上的事物千差万别，矛盾错综复杂，对每一个矛盾和问题都要具体分析、具体对待，不可千篇一律，凝固不化。正所谓："兵之变化，固非一道"，"阵而后战，兵法之常。运用之妙，存乎一心"，因敌变化，随机制敌，巧妙"九变""杂于利害"，永远是高明的战争指挥者自由驰骋的广阔天地。这就需要变，改变自己的行动以适应实际情况的变化，改变（或创造）有利态势，使形势向有利于自己的方面转化。打仗是你死我活的事情，形势更是瞬息万变，极难捉摸，加之双方都在尽力制造假象、巧施诡计，就更需要灵活机变、相机变通了。倘若不懂得这层道理，不遵循这条原则，那么即便是遍读天底下的兵书战策，也终究是纸上谈兵，隔靴搔痒，到头来难免夸夸其谈，一事无成。历史上赵括、马谡之流胶柱鼓瑟，画虎不成反类犬，丧师辱身，贻笑天下，就是这方面十分典型的例子。

总之，"九变"原则无论是在理论上，还是在实践上，其正确性与深刻性都是不容置疑的。

经典战例

⊕ 周亚夫平叛

"君命有所不受"是孙子在九变篇中提出的一个重要思想。他认为，对于国君的命令，要根据实际情况灵活对待，有利于克敌制胜的命令，自然应该遵照执行；而不符合实际情况，于克敌制胜毫无用处，甚至有阻碍破坏作用的瞎指挥，就绝对不能执行。例如，汉朝名将周亚夫在受命平定"七国之乱"时，不接受汉景帝要求其分兵支援被围的梁王的"君命"，坚守昌邑一线，与吴楚叛军正面相持，避敌锐气，待时机成熟时，一举反攻，大破敌军，最终顺利平定叛乱。

周亚夫

汉高祖刘邦建汉初年为巩固天下，大封同姓王，并赐给他们领地成立了诸侯国。到了汉景帝时期，各个诸侯国的势力逐渐壮大起来。御史大夫晁错建议景帝削弱藩镇势力，以巩固中央集权，景帝非常赞同。于是，景帝在晁错的辅佐下进行了大规模的机构改革，改革核心目的是削弱汉高祖以来分封到各地的刘姓诸侯王国的势力。正好当时楚王刘戊犯罪，景帝便先削减东海郡作为惩罚，接着又先后削去赵王刘遂的河间郡、胶西王刘昂的六个县。

后来，景帝又准备削夺吴王刘濞的封地。然而，吴国的势力很强大。吴王刘濞经营封地40多年，不断招兵买马，早存有谋反之心。公元前154年，景帝削藩的诏书刚下，吴王刘濞就以"诛晁错，清君侧"为名，征发20多万兵马，联合楚王刘戊、赵王刘遂、济南王刘辟光、淄川王刘贤、胶西王刘昂、胶东王刘雄渠等刘姓宗室诸侯王一同起兵造反，历史上称为"七国之乱"。

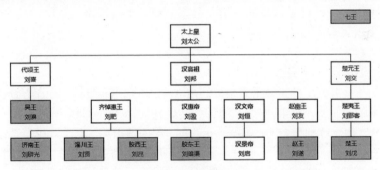

叛乱七国世系图

七王分兵三路，吴王濞起兵广陵（今江苏扬州）兼领楚国兵，共30万人马，渡淮水浩浩荡荡向西杀来；齐、胶西、胶东等国定河间、河内入晋关，与吴楚军会师洛阳；北赵国则约匈奴联兵犯汉北下。削藩之下引起的激变在景帝的预料之外，仓促之下难以应对。

景帝无奈之下只能杀了晁错，希望以此平息七国的愤怒，和平解决事端。但吴王刘濞等人意在夺取帝位并不撤兵，晁错的死没有阻止七王叛军的步伐，却平息了汉王朝内部战与和的争议。景帝任命大尉绛侯周亚夫为大将，率领36名将领带兵前去迎击七国中实力最强的吴楚联军。同时，景帝又派曲周侯郦寄领兵攻打赵国、栾布攻击齐地诸叛国，并以大将军窦婴驻屯荥阳，监视齐、赵的动向。

吴楚联军东进，行至梁国（今河南商丘市睢阳区），遭到景帝之弟梁王刘武的顽强抵抗，吴楚联军并力攻城，攻下梁国南面的棘壁（今河南永城西北)。梁王刘武向朝廷告急,周亚夫认为吴楚联军势大,正面决战难以取胜,献策用梁王军队拖住吴、楚主力,寻找时机截断对方补给线,然后伺机击溃叛军,景帝同意了周亚夫的计划。于是周亚夫绕道进军,走蓝田、出武关,迅速到达了洛阳。

梁国被叛军轮番急攻,梁王向周亚夫求援。周亚夫却派军队向东,屯兵于梁国以北的昌邑(在今山东巨野西南),坚守不出。梁王再次派人求援,周亚夫还是不发救兵。最后梁王写信给汉景帝,景帝又下诏要周亚夫进兵增援,周亚夫还是不为所动,梁王于是任命韩安国与张羽为将军,拼死抵御,与吴楚联军僵持。

梁国城池防守严密,吴兵无法西进,转而奔向周亚夫的军队。周亚夫坚守壁垒,不肯应战,私下却趁机轻兵南下,夺取泗水入淮之口(在今江苏洪泽境),断绝了叛军的粮道。吴军断粮,士兵饥饿,几次挑战未果,于是夜里袭击周亚夫军营,佯攻东南面,周亚夫命令于西北面守备。吴兵果然从西北强攻,未能攻破,吴兵大败,士兵多半饿死或投降走散,周亚夫率军追击,大破吴楚联军。

吴王与其麾下壮士数千人乘夜逃走,渡过淮河逃至丹徒(今江苏镇江),退守东越,并派人召集残兵。汉廷派人以利引诱东越,东越王骗吴王出去慰劳军队,用矛戟刺死吴王,献其头于汉朝。吴军溃散后,楚王刘戊自杀。

在齐地,胶西王、胶东王、淄川王围攻齐都临淄,三月不下。栾布率军进逼,三王便退兵回到封国。胶西王回国后,其子刘德建议袭击汉军,不成则逃到海上,胶西王不听,到汉营请罪,韩颓当斥责他阴谋叛乱,宣读诏书,胶西王自杀。胶东王、淄川王、济南王也都伏法。

在赵地,郦寄领兵进攻赵国,赵王刘遂坚守邯郸,郦寄久攻不下。匈奴得知吴楚兵败,也不肯出兵相助。栾布平定齐地诸国后,还军与郦寄会师,水淹邯郸城,邯郸城破,赵王刘遂自杀。

七国之乱,西汉中央政权获得了绝对胜利。这次叛乱,从公元前154年正月开始,到三月即被平息,七王皆死。参加叛乱的七国,除保存楚国另立新王外,其余六国皆被废除。

◈ 吴蜀夷陵之战

公元221年7月,刘备亲率蜀汉军队数万人,对吴国发动了大规模的战争。当时,两国的国界已西移到巫山附近,长江三峡成为两国之间的主要通道。刘备派遣将军吴班、冯习、张南率领约3万人(后期有沙摩柯等五溪蛮夷加入,总兵力应达到5万人)为先头部队,夺取峡口,攻入吴境,在巫地(今湖北巴东)击破吴军李异、刘阿部,占领秭归。为了防范曹魏乘机袭击,刘备派镇北将军黄权驻扎在长江北岸,又派侍中马良到武陵活动,争取当地部族首领沙摩柯起兵协同蜀汉大军作战。

孙权在面临蜀军战略进攻的情况下,奋起应战。他任命右护军、镇西将军陆逊为大都督,统率朱然、潘璋、韩当、徐盛、孙桓等部共5万人开赴前线,抵御蜀军;同时又遣使向曹丕称臣修好,以避免两线作战。

陆逊

陆逊上任后,通过对双方兵力、士气以及地形诸条件的仔细分析,指出刘备兵势强大,居高守险,锐气正盛,求胜心切,吴军应暂时避开蜀军的锋芒,再伺机破敌。陆逊耐心说服了吴军诸将放弃立即决战的要求,果断地实施战略退却,一直后撤到夷道(今湖北宜都)、猇亭(今湖北宜都北古老背)一线。然后在那里停止退却,转入防御,遏制蜀军继续进兵。

并集中兵力，准备相机决战。这样，吴军完全退出了高山峻岭地带，把兵力难以展开的数百里长的山地留给了蜀军。

公元222年正月，蜀汉吴班、陈式的水军进入夷陵地区，屯兵长江两岸。二月，刘备亲率主力从秭归进抵猇亭，建立了大本营。这时，蜀军已深入吴境二三百公里，由于开始遭到吴军的遏阻抵御，其东进的势头停顿了下来。在吴军扼守要地、坚不出战的情况下，蜀军不得已乃在巫峡、建平（今四川巫山北）至夷陵一线数百里地上设立了几十个营寨。为了调动陆逊出战，刘备遣前部督张南率部分兵力围攻驻守夷道的孙桓。孙桓是孙权的侄儿，所以吴军诸将纷纷要求出兵救援，但陆逊深知孙桓素得士众之心，夷道城坚粮足，坚决拒绝了分兵援助夷道的建议，避免了分散和过早地消耗兵力的行为。

从正月到六月，两军仍然相持不决。刘备为了迅速同吴军进行决战，曾频繁派人到阵前辱骂挑战，但是陆逊均沉住气不予理睬。后来刘备又派遣吴班率数千人在平地立营，另外又在山谷中埋伏了8000人马，试图引诱吴军出战，伺机加以聚歼。但此计依然未能得逞。陆逊坚守不战，破坏了刘备倚恃优势兵力企求速战速决的战略意图。蜀军将士逐渐斗志涣散松懈，失去了主动优势地位。六月的江南，正值酷暑时节，暑气逼人，蜀军将士不胜其苦。刘备无可奈何，只好将水军舍舟转移到陆地上，把军营设于深山密林里，依傍溪涧，屯兵休整，准备等待秋后再发动进攻。由于蜀军是处于吴境二三百公里的崎岖山道上，远离后方，故后勤保障多有困难，且加上刘备百里连营，兵力分散，从而为陆逊实施战略反击提供了可乘之机。

陆逊看到蜀军士气沮丧，放弃了水陆并进、夹击蜀军的作战方针，认为战略反攻的时机业已成熟。为此他上书吴王孙权说：交战之初，所顾虑的是蜀军水陆并进、夹江直下。眼下蜀军舍舟就陆，处处结营，从其部署来看，不会有什么变化。这样就有了可乘之机，击破蜀军，当无困难。孙权当即批准了陆逊这一由防御转入反攻的作战计划。

陆逊在进行大规模反攻的前夕，先派遣小部队进行了一次试探性的进攻。这次进攻虽未能奏效，但却使陆逊从中寻找到了破敌之法——火攻蜀军连营。因为当时江南正是炎夏季节，气候闷热，而蜀军的营寨都是由木栅所筑成，其周围又全是树林、茅草，一旦起火，就会烧成一片。决战开始后，陆逊即命令吴军士卒各持茅草一把，乘夜突袭蜀军营寨，顺风放火。顿时火势猛烈，蜀军大乱。陆逊乘势发起反攻，迫使蜀军西退。

　　吴将朱然率5000人首先突破蜀军前锋，猛插到蜀军的后部，与韩当所部进围蜀军于涿乡（今湖北宜昌西），切断了蜀军的退路。潘璋所部猛攻蜀军冯习部，大破之。诸葛瑾、骆统、周胤诸部配合陆逊的主力在猇亭向蜀军发起攻击。守御夷道的孙桓部也主动出击、投入战斗。吴军进展顺利，很快就攻破蜀军营寨40余座，并且用水军截断了蜀军长江两岸的联系。蜀军将领张南、冯习及土著部族首领沙摩柯等阵亡，杜路、刘宁等卸甲投降。刘备见全线崩溃，逃往夷陵西北马鞍山，命蜀军环山据险自卫。陆逊集中兵力，四面围攻，又歼灭蜀军近万之众。至此，蜀军溃不成军，大部死伤和逃散，车、船和其他军用物资丧失殆尽。刘备乘夜突围逃遁，行至石门山（今湖北巴东东北），被吴将孙桓部追逼，几乎被擒，后卫将军傅肜等被杀。后依赖驿站人员焚烧溃兵所弃的装备堵塞山道，才得以摆脱追兵，逃入永安城中（又叫白帝城，今重庆奉节东）。

　　这时，蜀军镇北将军黄权所部正在江北防御魏军。刘备败退后，黄权的归路为吴军所截断，不得已于八月率众向曹魏投降。同月，马良由南方往西北撤退时被步骘截击而死。

　　刘备逃到永安城后，吴将潘璋、徐盛等人都主张乘胜追击，扩大战果。但此时刘备收拢散兵以及赵云的后军来援，永安驻军接近2万人，陆逊已经失去攻克永安的机会。再加上他顾忌曹魏方面乘机浑水摸鱼、袭击后方，遂停止追击，主动撤兵。九月，曹魏果然攻吴，但因陆逊早有准备，魏军终于无功而返。公元223年4月，刘备恼羞于夷陵惨败，一病不起，亡故于永安城。

　　在这场战役中，陆逊善于正确分析军情，大胆后退诱敌，集中兵力，后发制人，击其疲惫，巧用火攻，终于以5万吴军一举击败气势汹汹的蜀军，创造了由防御转入反攻的成功战例，体现了高超的指挥艺术和军事才能，表明他不愧为一位杰出的军事统帅。至于刘备的失败，也不是偶然的。他"以怒兴师"，恃强冒进，犯了兵家之大忌。在具体作战指导上，他又不察地利，将军队带入难以展开的二三百公里的崎岖山道之中；同时在吴军的顽强抵御面前，又不知道及时改变作战部署，而采取了错误的无重点的处处结营的办法，终于陷入被动，导致悲惨的失败，自食"覆军杀将"的恶果，令人不胜感慨。

古为今用

◈ 辉煌一时的西尔斯

西尔斯公司曾经是美国，也是世界最大的私人零售企业。该公司由理查德·西尔斯于1884年创建。它经历了美国社会生活的几次大变革，跟上了潮流，在稳定中增长和发展，成为美国经营最成功和最赚钱的企业之一，西尔斯公司虽在尖端技术领域无令人瞩目的成就，但它对美国消费者的购物及生活方式，都产生了很大影响。在西方商业界享有"零售业科学院"之美誉。

西尔斯公司LOGO

"百货王"历经百年不衰，其主要成功经验是：绝不墨守成规，而是随着形势变化而变化。这与孙子随机应变的思想不谋而合。商场如战场，尽管这里的战争没有硝烟，但也同样惨烈，所以要想让自己的企业在商海中立足，必须费一番心思。

西尔斯公司初创时期，主要以美国农民为供应对象。当时美国农村比较落后，交通不便，农民的需要与城镇消费者又不相同，农民购买力虽不高，总体上却是一个巨大的市场，要开拓这个市场，非采取一套有针对性的经营方式不可，首先是组织生产和提供符合农村需要的商品。其次是要做到价格合理，供应稳定，产品耐用，还要克服交通不便的困难，准时交货，建立良好的商业信誉。

西尔斯公司的创始人理查德·西尔斯原是一个铁路货运的代理商，因为几次被顾客拒绝收货，影响了他送钟表的生意，他在无可奈何中想到利用邮局寄送，结果非常顺利。他对美国农村市场的特点了如指掌，大胆创新，逐步形成了一套行之有效的新型销售和经营办法。西尔斯经常收购一些因积压欠债而遭扣压的商品（这些商品质量均无问题）向农民兜售。登一次广告，做完一笔生意就告收盘。这种类似交易会的零敲碎打的买卖，使他狠赚了一些钱。西尔斯还在邮购商业方面动脑筋，对于印刷邮购用的产品手册、沟通邮购渠道、建设邮购专用工厂等，均有建树，不过，由于受当时条件所限，加之他本人缺乏高超的组织能力，所以，尽管他以自己的名字创建了西尔斯公司，但使公司走上大企业轨道的，却是他的继任者。

1895年，米利斯·洛森沃尔德加入了西尔斯公司，他对公司的发展，特别是邮购业务及其扩展，起了极其重要的作用。

米利斯·洛森沃尔德

邮购商业的特点，是利用信件订货又通过邮件付货，从而把买卖双方面对面成交的市场，从商店延伸到消费者家庭之中，顾客不出户，坐在家里根据店方发出的商品样本或广告订货单，即可订货。买主卖主不谋一面，即可完成一笔交易。邮购商业并不是西尔斯公司首创的，但使邮购逐步发展成为重要和大规模的零售商业形态，西尔斯公司和洛森沃尔德却起了决定性的作用。

洛森沃尔德基于邮购非常适合当时美国农村交通不便、农民进城购物困难的状况，对邮购业务倾注了大量心血，采取了一系列大胆措施。例如，他从市场调查分析入手，精心编印了非常实用的邮购商品样本，坚持了"保证满意，否则原款退还"的经营方针，建立了高效的组织管理系统，让管理人员既有应有的权力，又担负起明确的责任，他的经营原则是既要物美又要价廉，真正做到成本尽量降低，售价最便宜，薄利多销，此外品质要保持最好的。从20世纪初起，洛森沃尔德便在西尔斯公司总部所在地芝加哥成立了邮购工厂，采用标准的流水作业方式生产物美价廉的商品。西尔斯公司与各主要制造商还建立起一种与其说是购买，不如说是代理的特殊关系，从而保证了质高价廉的商品源源不断提供给消费者。

洛森沃尔德的经营战略迅速扩大，1900年西尔斯公司的营业额仅110万美元，10年后为6100万美元，再过10年，即1920年，已增长为2.45亿美元，他当年经过深入调查编印的邮购商品手册上，农民需要的生活用品一应俱全，从农业机械零部件到帽鞋袜锅碗瓢盆，无所不有，至今仍被一些商业学校用作教学参考，"如不满意，原款退还"的方针，把买方提心吊胆改变成了卖方兢兢业业。到20世纪70年代中期，西尔斯公司邮购营业额每年都有数十亿美元之多，遥遥领先于美国和世界其他同行。如今，西尔斯公司大力推行的邮购商业，在美国和其他发达国家，都已具有相当规模，美国的邮购总额不下1000亿美元，德国有100亿马克，日本超过了1万亿日元，英国有30多亿英镑。

20世纪20年代后期，罗伯特·伍德接了洛森沃尔德的班，伍德早年在西点军校学习，毕业以后到菲律宾服役，又到巴拿马参加当地的开发计划。"一战"时晋升为将军，主持军需物资的供给，得到过联邦政府勋章。战后被西尔斯公司聘为副董事长，他针对当时美国市场的变化，尤其是农村市场的变化，采取了新的经营策略，紧随市场变化而变化，他一方面继续抓好邮购商业，另一方面，则以更大力量着重发展门市零售——零售商店，扩大服务对象，同时为城市居民和农村消费者服务，1925—1929年，西尔斯公司陆续开设了324家零售店铺，到1931年，零售营业额已经超出过去邮购销售的营业额。

零售商店的激增，提出了加强商店管理的新课题，可是过去成功的邮购业务，并没有也不可能为公司培养商店管理人才，伍德在他任公司经理的前十几年时间里，对提拔、挑选、培养人员的工作，抓得紧而又紧，这种重视培养人才的作风，成为西尔斯公司不断发展、不断成功的重要因素。另外，邮购业务是高度集中的，不多的邮购业务即可供应全国，而遍布几千里美国大陆上的零售商店,却不能事事均由总公司亲躬,必须有更有效、更合理的管理层次,各地区商店的独立经营和公司的统一领导,又是缺一不可的。既要实现中央集中采购,又要多店铺分散销售,因此伍德采用了采购部门的集权管理与销售部门分权管理相结合的新的经营组织。1948年西尔斯公司的最高管理机关是董事长、负责商品的副董事长、负责人事的副董事长、负责计划与控制的五人小组与各地域事业部长(副董事长)组成的联合管理机构。

罗伯特·伍德

伍德在任职期间,实施了一系列重大改革措施,其中最重要的就是连锁经营体系,连锁商店是在同一资本下经营性质相同的店铺的综合体,它们挂同样招牌,用同一店名,陈列和装潢形式也基本相同,经营的商品类别大体一致。连锁商店因其规模巨大,可以统一进货(进价可大大降低)、统一宣传(巨额广告费分摊到每一店铺的费用又很小),往往能在激烈的商业竞争中处于有利地位。西尔斯连锁商店不仅在美国本土获得很大发展,其触角还延伸到加拿大和欧洲。

20世纪50年代初期,西尔斯公司又首创了郊区型购物中心。融商业、服务业、娱乐业为一体的购物中心,深受世人欢迎,很快遍及美国。郊区型购物中心的出现，不仅是商业设施上的一大改革，而且对美国消费者的购物习惯、生活方式甚至城市都产生了影响。

1954年，领导西尔斯公司近30年的伍德退休了，此后，西尔斯公司的总裁等高级领导人员每几年就更换一次，公司的经营方式也随之而发生一些变化。总的来说，20世纪50年代以后的西尔斯公司涉足的经济领域更广泛了，不仅是百货大贾，而且成为世界上最大的宝石商和美国最大的书店之一。20世纪六七十年代，西尔斯公司先是经营艺术品的大买家和大卖家，继而又将经营范围扩展到金融业和不动产业中。

1987年1月1日，西尔斯公司宣布，该公司的经理由麦克尔·布吉克担任，布吉克原是西尔斯公司的加拿大分公司经理，而加拿大分公司在西尔斯集团中仅属支流，所以布吉克的升职堪称破格提拔。

这次人事变动的背景，是因为西尔斯公司的经营状况连续恶化，从1984年起，营业额年增长率只相当于美国商业零售总额平均增长率的一半，1986年西尔斯公司的总营业额只有270多亿美元，获利比1985年减少18.7%。

布吉克上任后不久，就仔细分析了西尔斯走下坡路的原因。布吉克认为就公司内部而言，主要有以下三个方面的问题：一是商品储运手段老化，设备陈旧，技术落后，使公司的商品储运费用竟占了总销售额的8%，而与西尔斯类似的美国其他商业公司的此项比率还不到3%；二是经营方式呆板，不够灵活，跟不上形势的发展。西尔斯连锁店过去采取的是以"平均的美国人"为特点的均市市场机制，各分店经营方式及商品类别、陈列形态力求统一，其优点是便于管理，但随着美国人消费习惯的变化，西尔斯上述经营方式明显落伍；三是公司总部官僚习气严重，偏于守旧。

布吉克找到问题的症结之后，于1987年就对此进行了大刀阔斧的改革，他把分布在美国各地的12个大型商品仓库裁掉了5个，解雇了5700名仓库冗余人员，保留下来的仓库运输队伍也加以整顿，物流系统力求合理化、科学化和高效化，并按地区和市场要求建立专门商店或柜台。

布吉克不负众望，在采取一系列措施之后，西尔斯公司当年就摆脱了困境，再次走上了兴旺发展之路。1987年营业额达480多亿美元，比1986年增长了77.8%，1989年公司总营业额已达539亿美元，比1986年增长了差不多一倍。业务范围也迅速扩大，连汽车服务、家具租赁、住房维修和扩建也囊括手中。据统计，美国人日常的商品消费，西尔斯公司控制了8.8%，7个美国家庭中，至少有一个使用的是西尔斯公司的信用卡。

第9章 行军篇

　　行军篇是《孙子兵法》的第九篇，主要讲述军队在不同的地理环境和战争态势下，行军作战、驻扎安营、观察利用地形和分析判断敌情、处置部署部队的基本原则。

【原　文】

孙子曰：凡处军相敌[1]，绝山依谷[2]，视生处高[3]，战隆无登[4]，此处山之军也。绝水必远水[5]，客绝水而来，勿迎之于水内，令半济而击之，利；欲战者，无附于水而迎客；视生处高，无迎水流[6]，此处水上之军也。绝斥泽，惟亟去无留[7]。若交军于斥泽之中，必依水草而背众树[8]，此处斥泽之军也。平陆处易，而右背高，前死后生，此处平陆之军也。凡此四军之利[9]，黄帝之所以胜四帝也[10]。

凡军好高而恶下[11]，贵阳而贱阴，养生而处实[12]，军无百疾，是谓必胜。丘陵堤防，必处其阳，而右背之。此兵之利，地之助也。

上雨[13]，水沫[14]至，欲涉者，待其定也。

凡地，有绝涧[15]、天井[16]、天牢、天罗、天陷[17]、天隙[18]，必亟去之，勿近也。吾远之，敌近之；吾迎之，敌背之。

军行有险阻、潢井[19]、葭苇[20]、山林、蘙荟[21]者，必谨覆索之，此伏奸之所处也。

敌近而静者[22]，恃其险也；远而挑战者，欲人之进也。其所居易者[23]，利也。

众树动者，来也；众草多障者，疑也；鸟起者，伏也；兽骇者，覆也；尘高而锐者，车来也；卑而广者，徒来也；散而条达[24]者，樵采也；少而往来者，营军也。

辞卑而益备者，进也；辞强而进驱[25]者，退也；轻车先出，居其侧者，陈也[26]；无约而请和者[27]，谋也；奔走而陈兵车者[28]，期也；半进半退者，诱也。

杖而立[29]者，饥也；汲而先饮[30]者，渴也；见利而不进者，劳也；鸟集者，虚也；夜呼者，恐也。

军扰者，将不重也；旌旗动者，乱也；吏怒者，倦也；粟马肉食，军无悬甀[31]；不返其舍者，穷寇也；谆谆翕翕[32]，徐与人言者，失众也；数赏者，窘也；数罚者，困也；先暴而后畏其众者，不精之至也；来委谢者，欲休息也；兵怒而相迎，久而不合，又不相去，必谨察之。

兵非益多也，惟无武进，足以并力、料敌[33]、取人而已。夫惟无虑而易敌者[34]，必擒于人。

卒未亲附而罚之[35]，则不服，不服则难用也；卒已亲附而罚不行，则不可用也。

　　故令之以文，齐之以武，是谓必取。令素行以教其民^[36]，则民服；令不素行以教其民，则民不服。令素行者，与众相得^[37]也。

【注　释】

[1] 处军相敌：处军，处置军队，指带领军队行军、扎营、作战等。处军相敌，带领军队行军、扎营、作战，观察判断敌情。
[2] 绝山依谷：军队穿越山地要依傍溪谷行进。
[3] 视生处高：生，生动、生机，这里引申为开阔。视生处高，要把军队驻营于地势高、视野开阔的地方。
[4] 战隆无登：隆，这里指高地。战隆无登，不要去仰攻占据高地的敌军。
[5] 绝水必远水：水，泛指河川地带。绝水必远水，军队穿越河川地带时，要在距离河流较远的地方驻扎，以免陷入背水一战的死地。
[6] 无迎水流：不要在河的下游驻扎，以免敌军在上游决水或投毒而遭失败。
[7] 亟去无留：亟，迅速。亟去无留，迅速离开不要停留驻扎。
[8] 依水草而背众树：要依傍着水草，背靠着树林扎营。
[9] 四军之利：四军，指山地、河川地、盐碱沼泽地、平原地四种地带行军打仗求取胜利的原则。
[10] 黄帝之所以胜四帝也：四帝，黄帝时代四周的部落领袖。相传黄帝先后打败了炎帝、蚩尤等部落，统一了黄河流域。黄帝之所以胜四帝也，这就是当年黄帝之所以能够战胜四帝的原因。
[11] 凡军好高而恶下：军，指驻军。凡军好高而恶下，大凡军队扎营都是喜欢选择地势高的干燥地方而讨厌地势低下的潮湿地方。
[12] 养生而处实：养生，这里是指水草丰盛，粮饷充足，军队容易休养生息。处实，指军需物资供应方便的地方。养生而处实，这里指军队扎营要选择水草丰盛、粮食充足、军需物资供应方便的地方。
[13] 上雨：上，指河流的上游。上雨，河的上游下雨。
[14] 水沫：河水的泡沫，这是洪水到来的表现。
[15] 绝涧：两岸山势峭峻，水流其间的险恶地形。
[16] 天井：四周高峻，中间低洼的地形。
[17] 天陷：一种地势低洼、泥泞易陷的地形。

[18] 天隙：一种两边高山壁立，中间道路狭窄，难以行军的地势。
[19] 潢井：潢，积水池。潢井，地势低陷、积水很多的地方。
[20] 葭苇：芦苇，泛指水草。这里指水草丛生的地方。
[21] 蘙荟：草木茂盛，这里指草木茂密多障碍。
[22] 敌近而静者：靠近我军的敌军能保持安静。
[23] 所居易者：易，这里指平坦地带。
[24] 散而条达：飞起的尘土散而细长。
[25] 辞强而进驱：以诡诈的言语做掩护，勉强驱军前行。
[26] 陈也：陈同"阵"，这里指布阵。
[27] 无约而请和者：敌军没有陷入困境却主动请和。
[28] 奔走而陈兵车者：敌军迅速奔跑，并且用战车摆开阵势。
[29] 杖而立：杖，兵器。杖而立，敌军依靠着武器站着。
[30] 汲而先饮：汲水的敌军争着先喝水。
[31] 军无悬瓿：瓿，泛指饮具。军无悬瓿，军中把饮具都收拾起来了。
[32] 谆谆翕翕：这里是指敌军长官对士卒讲话显示出一副诚恳的样子。
[33] 足以并力、料敌：只要能充分地判断敌情，集中使用兵力就行了。
[34] 惟无虑而易敌者：只有那不深思熟虑而又轻视敌军的人。
[35] 卒未亲附而罚之：当士卒们还没有亲附时便施加刑罚，士卒们便会怨愤不服。
[36] 令素行以教其民：要用平素发布的军令都必定坚决执行的事情来教育士卒。
[37] 与众相得：得，亲和。与众相得，这里是指与部下关系融洽。

【译　文】

　　孙子说：在各种不同地形上处置军队和观察判断敌情时，应该注意：通过山地，必须依靠有水草的山谷，驻扎在居高向阳的地方，敌人占领高地，不要仰攻，这是在山地上对军队的处置原则。横渡江河，应远离水流驻扎，敌人渡水来战，不要在江河中迎击，而要等他们渡过一半时再攻击，这样较为有利。如果要同敌人决战，不要紧靠水边列阵；在江河地带扎营，也要居高向阳，不要面迎水流，这是在江河地带上对军队处置的原则。通过盐碱沼泽地带，要迅速离开，不要逗留；如果同敌军相遇于盐碱沼泽地带，那就必须靠近水草而背靠树林,这是在盐碱沼泽地带上对军队处置的原则。在平原上应占领开阔地域,而侧翼要依托高地,前低后高。这是在平原地带上对军队处置的原则。以上四种"处军"原则的好处,就是黄帝能战胜其他四帝的原因。

　　大凡驻军总是喜欢干燥的高地,避开潮湿的洼地;重视向阳之处,避开阴暗之地;靠近水草地区,军需供应充足,将士百病不生,这样就有了胜利的保证。在丘陵堤防行军,必须占领它向阳的一面,并把主要侧翼背靠着它。这些对于用兵有力的措施,是利用地形作为辅助条件的。上游下雨,洪水突至,禁止徒涉,应等待水流稍平缓以后。凡遇到或通过"绝涧""天井""天牢""天罗""天陷""天隙"这六种地形,必须迅速离开,不要接近。我们应该远离这些地形,而让敌人去靠近它;我们应面向这些地形,而让敌人去背靠它。军队两旁遇到有险峻的隘路、湖沼、水网、芦苇、山林和草木茂盛的地方,必须谨慎地反复搜索,这些都是敌人可能埋设伏兵和隐伏奸细的地方。

　　敌人离我很近而安静的,是依仗它占领险要地形;敌人离我很远但挑战不休,是想诱我前进;敌人之所以驻扎在平坦地方,是因为对它有某种好处。许多树木摇动,是敌人隐蔽前来;草丛中有许多遮障物,是敌人布下的疑阵;群鸟惊飞,是下面有伏兵;野兽骇奔,是敌人大举突袭;尘土高而尖,是敌人战车驶来;尘土低而宽广,是敌人的步兵开来;尘土疏散飞扬,是敌人正在拽柴而走;尘土少而时起时落,是敌人正在扎营。敌人使者措辞谦卑却又在加紧战备的,是准备进攻;措辞强硬而军队又作出前进姿态的,是准备撤退;轻车先出动,部署在两翼的,是在布列阵势;敌人尚未受挫而来讲和的,是另有阴谋;敌人急速奔跑并排兵列阵的,是企图约期同我决战;敌人半进半退的,是企图引诱我军。敌兵倚着兵器而站立的,是饥饿的表现;供水兵打水自己先饮的,是干渴的表现;敌人见利而不进兵争夺的,是疲劳的表现;敌人营寨上聚集鸟雀的,下面是空营;敌人夜间惊叫的,是恐慌的表现;敌营惊扰纷乱的,是敌将没有威严的表现;旌旗摇动不整齐的,是敌人队伍已经混乱。敌人军官易怒的,是全军疲倦的表现;用粮食喂马,杀马吃肉,收拾起汲水器具,部队不返营房的,是要拼死的穷寇;低声下气同部下讲话的,是敌将失去人心;不断犒赏士卒的,是敌军没有办法;不断惩罚部属的,是敌人处境困难;先粗暴然后又害怕部下的,是最不精明的将领;派来使者送礼言好的,是敌人想休兵

第 9 章　行军篇

117

息战；敌人逞怒同我对阵，但久不交锋又不撤退的，必须谨慎地观察他的企图。

打仗不在于兵力越多越好，只要不轻敌冒进，集中兵力、判明敌情，取得部下的信任和支持，也就足够了。那种既无深谋远虑而又轻敌的人，必定被敌人俘虏。士卒还没有亲近依附就执行惩罚，那么他们会不服，不服就很难使用。士卒已经亲近依附，如果不执行军纪军法，也不能用来作战。所以，要用怀柔宽仁使他们思想统一，用军纪军法使他们行动一致，这样就必能赢得部下的敬畏和拥戴。平素严格贯彻命令，管教士卒，士卒就能养成服从的习惯；平素从来不严格贯彻命令，管教士卒，士卒就会养成不服从的习惯。平时命令能贯彻执行的，表明将帅同士卒之间相处融洽。

【编者解读】

"行军"，在现代军事用语中，意指军队由一个地方转移到另一个地方去的行动，涉及的仅是行进过程本身而不及其他。这里的"行军"，意义与现代军事语差异相当大，它涉及的范围包括了军队转移运动的现代意义，还包括作战、驻扎安营、观察地形、判断敌情、团结管理内部等诸多内容，几乎包容了军事活动的大部分内容，因此，《孙子兵法》第九篇中的"行军"，指的便是从事军事活动、用兵打仗的意思。

本篇论述的主要内容，是军队在不同的地理环境和战争态势下，行军作战、驻扎安营、观察利用地形和分析判断敌情、处置部署部队的基本原则，分为"处军""料敌""治军附众"等。

孙子首先认为"处军"（是军队在不同地形条件下行军、驻扎、布阵、作战诸方面的处置方法）和"相敌"（观察并判断敌情）是作战指挥中需要重点解决的问题，事关主动权的把握，战争胜负的大局。因此，孙子强调，在行军作战中，必须善于利用地形，使自己的军队占据便于作战、便于生存的有利地形，从而能充分发挥战斗力，夺得胜利，"兵之利，地之助也"。

当然，光有"处军"得宜的愿望是不够的，必须有正确的方法、途径才能达到妥善"处军"的目的。于是，孙子逻辑地将注意力置于"处军"正确措施的归纳和总结上。他认为"处军"的重点内容和基本要求，便是要善于利用有利的地形，避开不利的地形。为此他具体列举了在山地、江河、沼泽以及平原等四种地形的不同"处军"原则和要领：

山地。"绝山依谷"指行军，通过山地要沿山谷行进，因为山谷地势较平坦，水草便利，隐蔽条件好。"视生处高"指宿营驻扎要选择干燥向阳（生："向阳曰生"），视野开阔，地势险要，易守难攻的地形。"战隆无登"指山地战斗的原则，只宜居高临下俯冲，切不可自下而上仰攻。

江河。原则有五条："绝水必远水"，渡河后必须远离河流，避免造成背水作战的不利局面，同时，若引得敌人随后渡河追击，迫敌于背水地，岂不妙哉！"半济而击"，敌人渡河来犯，不要在水中迎击，应乘敌人半数已渡、半数未渡之时发起攻击，那时，敌前军布阵未周，后军阻塞河岸，中军尚在水中，突然袭击必定大乱，进退不得，可大获全胜。"欲战者，无附于水而迎客"，这是"半济而击"的补充，上言攻击，此言列阵待敌，不可背靠江河迎敌，但可面向江河阻击对岸之敌，使其不得渡。"视生处高"，意同山地之法。"无迎水流"，即不要处于敌人的下游，防止敌人或顺流而下，或决堤放水，或投放毒药。

盐碱沼泽地。斥，盐碱地，寸草不生；泽，沼泽地，泥泞难行。此类地形不利行军，因而"惟亟去无留"，迅速通过，迅速离开。万一与敌人在这种地形相遇，便"必依水草而背众树"，借草木可做依托，另寻沼泽中生草木处，土质相对坚硬，便于立足通行，增加主动权。

平地。一要"处易"，选择地势平坦处，便于战车驰行；二要"右背高"，主要侧翼依托高地，便于观察战况，也可居高临下而进攻；三要"前死后生"，古代研究者认为是"前低后高"，利于出击，但不完全。前，我军攻击的方向，也是敌军所处的位置。后，我军所处的位置，以及撤退、固守的地方。选择战场，应将"死地"留给敌人，将"生地"掌握在自己手中。

其次强调宿营时对地形的选择与利用。选择地势高峻、向阳干燥、水草丰美、粮食充足的地形安营扎寨，尽量避开地势低洼、阴暗潮湿、给养供应不便的地方。宿于丘陵、堤防一类地形，必须处于它向阳的一面，而且背靠着它。这里强调的是充分利用地形优势，来辅助军队战斗力的发挥。

再次则是对不利地形应采取的措施。上游降水，洪水将至，应待洪

『第 9 章　行军篇』

水平定以后再渡河；遇到"六害之地"绝涧（两岸峭峻、难以跨越的山涧溪谷）、天井（四面高峻、中间积水）、天牢（四周险恶，易进难出）、天罗（草木丛生、行动困难）、天陷（地势低洼、道路泥泞）、天隙（两山夹峙、道路狭窄），唯一的选择是尽快离开，不可靠近，同时设法让敌人靠近它们，并且背向它们，而我们则可以面对它们向敌攻击；当军队处于地形复杂的险阻、潢井（地势低洼、积水较多）、葭苇、山林、翳荟（草木茂盛，遮盖视线）时，无论行军、宿营还是布阵决战，都应该仔细反复地进行搜索，以防敌人的埋伏和奸细。此三点，与前文正好相对，强调的是避地形之害。并且进而将利用地形的基本特点归纳为"凡军好高而恶下，贵阳而贱阴，养生而处实，军无百疾，是谓必胜"，指出这一切正是所谓的"兵之利，地之助"，不可不予以充分的重视和掌握。毫无疑问，这乃是孙子对前人和他所处时代利用地形克敌制胜一般经验的科学总结。

最后在"处军"得宜的基本前提下，孙子强调了"相敌"的重要性，即主张充分观察和了解敌情，正确地分析判断敌情，为实施卓有成效的对敌打击，夺取战斗的胜利创造必要的条件。他从实战经验中概括出三十余种侦察和判断敌情的重要方法，其中包括通过对敌人言论行动的观察以判断敌人的作战意图，如"敌近而静者，恃其险也；远而挑战者，欲人之进也""辞卑而益备者，进也；辞强而进驱者，退也；轻车先出，居其侧者，陈也；无约而请和者，谋也"等。通过对鸟兽草木和尘埃土灰的观察以判断敌人的行动意向，如"众树动者，来也；众草多障者，疑也；鸟起者，伏也；兽骇者，覆也；尘高而锐者，车来也；卑而广者，徒来也；散而条达者，樵采也；少而往来者，营军也"等。通过对敌人活动状况的观察来判断敌人的劳逸、虚实、士气以及后勤补给等情况，如"杖而立者，饥也；汲而先饮者，渴也；见利而不进者，劳也""军扰者，将不重也；旌旗动者，乱也；吏怒者，倦也"等。

尽管在今天看来，这些具体的"相敌"之法属于直观经验的粗浅判断与预测，呈初级原始面貌，而且大部分业已过时，但是在当时的历史条件下，孙子主张"相敌"，把它作为战争指导者达到"知彼知己"目的的主要手段之一，却依然是具有其特殊的意义的，反映了孙子本人对作战指导规律孜孜探求的可贵努力。同时我们也应该看到，孙子有关"相敌"之法的概括，虽然直观粗浅，但仍不无透过现象看本质的哲理性，体现着孙子兵学理论中的朴素辩证法色彩，对我们今天从事军事实践活动，具有方法论上的启示意义。

除了"处军"对策和"相敌"之法以外，本篇中还有两个内容值得我们关注和解读。第一是有关精兵决胜、多谋制敌的作战指导原则。孙子认为用兵打仗，绝非简单的兵力投入和使用，不能以兵力的多少来衡量和展望战争胜负的前景，而关键在于作战指挥本身的高低与否。具体说，即能否做到集中兵力，准确判断敌情，内部团结一致、齐心协力："兵非是益多也，惟无武进，足以并力、料敌、取人而已"。与此相应，孙子也坚决反对少谋无虑，轻敌冒进，认为一旦出现这类情况，军队就会彻底陷入被动，难以逃脱失败的可悲命运："夫惟无虑而易敌者，必擒于人"。

证之战史，可知孙子这一观点的确是颠扑不破的真理。战国时期齐魏马陵之战中魏军痛遭聚歼，十万之师全军覆没，统帅太子申就擒，庞涓智穷力竭被迫自杀；唐初虎牢关之战中窦建德大军悉数就歼，窦建德本人束手被擒，基本原因就是庞涓、窦建德等人的"武进"，既少谋寡智（"无虑"），又轻敌自大（"易人"）。相反他们的对手孙膑、唐太宗等人，则棋高一着，做到了"并力、料敌、取人"，从而一举成功，实现了自己的战略意图。真可谓胜败得失，若合符契，令人不能不对孙子的兵学智慧肃然起敬，不胜仰慕。

本篇最后一个闪亮之点是孙子"令之以文，齐之以武"的治军原则。与先秦时其他著名兵书如《司马法》《尉缭子》《六韬》等相比，对治军问题的论述，在《孙子兵法》中并不占据非常显著的位置，但是，孙子的治军思想仍是自具系统的。他曾就如何治军经武提出过不少精辟的原则，以适应新兴势力从事战争的迫切需要。而这些原则的根本精神，就是刚柔相济，恩威并施，文武两手，双管齐下，"故令之以文，齐之以武，是谓必取"。在孙子看来，只有做到教罚并用，宽严结合，"卒未亲附而罚之，则不服，不服则难用也；卒已亲附而罚不行，则不可用也"，方可真正"与众相得"，才能够控御全军上下，驱使广大官兵在战场上英勇杀敌，视死如归，从而夺取战争的胜利。可见，"令文齐武"的治军理念，虽非本篇的重点，但它的重要性却丝毫不容忽视，其价值也值得充分评估。

经典战例

◈ 虎牢关之战

虎牢关之战，发生在公元620年（唐武德三年）七月至公元621年（唐武德四年）五月，秦王李世民率军在洛阳、虎牢关（今河南省荥阳汜水镇西北）各个击破王世充军（郑军）、窦建德军（夏军）。李世民仅以数千骑兵破窦建德十余万众，堪称以少胜多的经典战例。

李世民

『第9章 行军篇』

　　就像此前的每场战役一样，李世民从一开始就牢牢掌握了战场的主动权。这一次，李世民采用了谍报战，成功诱使夏军在他希望的时间、以他希望的方式打响了这场战斗。李世民让早已安插在夏军中的间谍向夏军高层散布了一个假情报，说唐军战马的草料已经吃完，不日将到黄河北岸的草地上放牧。窦建德信以为真，遂决定抓住这个机会对虎牢发动总攻。

　　五月一日，当间谍把这个消息传回来后，李世民立即北渡黄河，在接近广武（今河南荥阳市）的地方，故意把一千多匹战马放到黄河中的一个小岛上吃草。当天傍晚，李世民悄悄返回虎牢，严阵以待。五月二日，窦建德果然中计，率领所有部队进至牛口（今荥阳市西北），在汜水注入黄河处开始筑营列阵。其阵势北至黄河，西至汜水，南到鹊山（今荥阳汜水镇东南），连绵二十里，战鼓齐鸣，兵威盛大。唐军的将领们见状，不禁感到惶恐。李世民带着诸将领登上高岗眺望，对他们说："盗匪在山东起兵，没有遇到过真正的强敌，如今正身涉险境，却鼓噪喧哗，毫无纪律；并且紧逼城下列阵，足以表明其轻敌之心。我们按兵不动，他们的士气定会衰竭，列阵太久，士卒疲惫饥饿，势必后撤，到时候我们突然发动进攻，没有不胜的道理。我跟诸位打赌，过了中午，一定把他们击破！"

　　李世民命人召回放牧的战马，准备等战马一回来就发动进攻。夏军的士兵从辰时开始列阵，一直到午时都仍然傻站在那里，既无仗可打，又不能生火做饭，个个疲倦已极、饥渴难耐，最后纷纷坐下休息，还互相争夺饮用水，阵地上一片乱哄哄的景象。李世民看在眼里，心中暗喜，遂命宇文士及带领三百名轻骑兵进行试探性攻击。他吩咐说："夏军阵势如果没有松动，你就回来；要是阵脚一动，你马上变佯攻为真攻。"宇文士即领命，随即率兵飞速迫近夏军阵地，夏军果然一片骚动。与此同时，在北岸放牧的战马也已全部回营，李世民立刻发布了总攻命令。

　　驻守虎牢的数千名唐军全部出击。李世民亲率轻骑兵冲锋在前，命主力随后跟进。唐军倾巢而出，快速掠过汜水，直冲夏军阵地。此时此刻，夏王窦建德在干什么呢？他在开朝会。很显然，窦建德并没有把这个年轻的对手放在眼里。他以为自己的兵力数十倍于唐军，李世民绝对不敢主动出关攻击。可他错了，李世民是一个不按常理出牌的人。就在李世民对窦建德发起总攻的这一刻，他还在和朝臣们商讨围攻虎牢的策略。当震耳欲声的喊杀声传进大帐中的时候，夏朝的文武百官惊恐万状，顷刻间乱成一团。窦建德愣了短暂的一瞬之后，即刻下令骑兵反击，可骑兵们却被惊慌乱窜的朝臣挡住了去路。

窦建德连忙指挥百官退下，可刹那间唐军已经杀到跟前，窦建德万般无奈，只好率领部分亲兵向营地东面的高坡撤退。唐军将领窦抗拼命追击，夏军奋死抵御，将窦抗击退。与此同时，李世民率领骑兵在夏军中来回冲杀，所到之处，夏军士兵无不望风披靡。唐淮阳王李道玄一马当先、冲锋陷阵，身上连中数箭，身下的坐骑更是被射得如同刺猬，可李道玄勇气不减，依然坚持战斗，每射一箭，敌兵必定应声而倒。李世民命他骑上备用马匹，跟在自己身边。唐、夏两军陷入鏖战，一时间杀声震野、尘埃漫天。夏军虽然在人数上占据绝对优势，可他们的阵势早已被唐军冲垮，指挥系统几乎完全瘫痪，只能各自为战。

为了彻底击垮夏军残存的斗志，李世民率程知节、秦叔宝、史大奈、宇文歆等人，卷起旗帜，从仍然在顽抗的夏军阵地中穿过，从阵后突出，随即将唐军大旗高高竖起，夏军见状，顿时斗志全丧，一举崩溃，李世民率部追击了三十里，斩杀了三千余人。这一战李世民的坐骑是昭陵六骏中的青骓。在激烈的战斗中，青骓前胸中一箭，臀部中四箭。李世民为其题写的赞词是：足轻电影，神发天机，策兹飞练，定我戎衣。混战之中，窦建德被长矛刺中，一路向西狂奔，身边的亲兵各自逃散。窦建德逃至黄河岸边的牛口渚时，伤口剧痛难忍，忽然栽落马下。唐车骑将军白士让和杨武威尾追而至，以为他是一个普通的夏军将领，挥起长矛正欲刺下，窦建德高喊："不要杀我，我是夏王，可以让你们富贵。"夏王窦建德？白士让和杨武威对视一眼，无声地笑了。虎牢关之战就这么结束了。

夏军败后，左仆射齐善行与窦建德之妻曹氏领百骑逃回洺州（今河北邯郸），窦建德余下部众打算拥立窦建德养子为王，齐善行力排众议，最后带领百官以及传国八玺向唐朝投降。

在决定天下归属的虎牢关之战中，李世民将智谋、勇猛、耐心、果断等各种统帅才能发挥到了极致。与窦建德相比，李世民在"处军""料敌"方面都棋高一着，因而大获全胜。窦建德不善"处军"，不善"料敌"，从而导致兵溃被俘。

奥尔森赏罚分明

在职场上，不仅员工要小心谨慎，明白职场之上的处事规则，才能保住职位以至得到晋升机会，以求更大的发展。同样地，老板也需要明白职场规则，这样才能与员工"与众相得"，管理好企业。

肯尼斯·奥尔森是美国数字设备公司的创始人、总经理兼董事长。奥尔森为人严格，工作严谨，在工作上对员工赏罚分明，铁面无情，在生活等工作以外的事情上视员工如亲友。美国《幸福》杂志曾称赞他为"美国企业史上最成功的企业家"。

美国数字设备公司LOGO

奥尔森对那些工作不负责任的人从不姑息纵容，甚至有时对部下的惩罚过于严酷。有一次，奥尔森突然下令召集公司全体职工开大会。大会上，奥尔森没有说别的话，只是宣布了四位经理的名字，并请他们到台上来。四位经理刚刚在台上站定，奥尔森就当着众多工人的面，大声宣布授予这四位经理奖励，而奖励的名称竟然是"劣等工作奖"。

广大职员听到了为之一愕，全场顿时鸦雀无声。这四位经理在众目睽睽之下受到如此重大的羞辱，简直似五雷轰顶，几乎晕眩在地。这时，四位打扮得很漂亮的小姐，分别托着四个盛有"奖状"的托盘来到四位经理面前，并将托盘递了过去。

四位经理接也不是，不接也不是，十分尴尬地站在那里，好像木头一般。奥尔森见他们没有勇气接"奖状"，就说："既然你们没勇气接，那大家热烈鼓掌来为他们壮胆助威一下吧。"顿时场内掌声如雷，嘘声四起。

此情此景，四位经理当然还是不能接，奥尔森又说："难道要我亲自为你们颁奖状才肯赏脸笑纳吗？"四位经理深知奥尔森那种不屈不挠的秉性，知道再不接受，将会受到更大的羞辱，只好乖乖地从托盘中取过劣等工作"奖状"。

虽然奥尔森对犯错误的属下严酷苛刻，但在生活中对属下却是相当关心。尽管他资产过亿，但却一直保持着平民作风，他几乎每天中午都在公司集体食堂就餐，并且往往一边就餐一边同工作职员闲聊，认真听取群众的呼声。一次，他听说一位职员因家庭变故而困扰不已，心情郁郁寡欢，奥尔森就请这位职员到自己的办公室来，安慰他说："我理解你现在的心情与处境，你应当试着改变一下。我批准你一个月的假期，工资照发，我的度假别墅借给你用，你去散心吧。"

此外，奥尔森还大力推行"机会均等"的政策，为公司职工提供优厚的福利，包括本公司的股票等。奥尔森还非常重视人才，从不埋没人才。对于干得好、有能力的人，他总是毫不犹豫地给他们升迁的机会。正因如此，很多人都愿意到数字设备公司来为奥尔森工作。奥尔森对职工既严格又关心，所以公司蒸蒸日上，事业越做越大。

奥尔森算是职场上一个优秀的领导者，他对员工该严格的时候严格，该关心的时候关心，做到张弛有度，有的放矢，使得员工一心为企业效力，企业效益也越来越好。正如孙子所说"令之以文，齐之以武，是谓必取"。

第 10 章　地形篇

　　地形篇是《孙子兵法》的第十篇，主要阐述了利用地形克敌制胜的基本原则以及军队在各种地形条件下实施作战的一般方法。地形篇是我国历史上较早研究军事地形的文章，与紧跟其后的《九地》篇共同构成了孙子军事地理学思想的主要内容。

【原　文】

孙子曰：地形有通者，有挂者，有支者，有隘者，有险者，有远者。我可以往，彼可以来，曰通。通形者，先居高阳[1]，利粮道[2]，以战则利。可以往，难以返，曰挂。挂形者，敌无备，出而胜之[3]；敌若有备，出而不胜，难以返，不利。我出而不利，彼出而不利，曰支。支形者，敌虽利我[4]，我无出也；引而去之，令敌半出而击之，利。隘形者，我先居之，必盈之以待敌[5]；若敌先居之，盈而勿从[6]，不盈而从之。险形者，我先居之，必居高阳以待敌；若敌先居之，引而去之，勿从也。远形者，势均，难以挑战，战而不利。凡此六者，地之道[7]也，将之至任[8]，不可不察也。

故兵有走者[9]，有弛者[10]，有陷者，有崩者[11]，有乱者[12]，有北者[13]。凡此六者，非天之灾，将之过也。夫势均，以一击十，曰走[14]。卒强吏弱，曰弛。吏强卒弱，曰陷[15]。大吏怒而不服，遇敌怼而自战[16]，将不知其能[17]，曰崩。将弱不严，教道不明，吏卒无常，陈兵纵横，曰乱。将不能料敌，以少合众，以弱击强，兵无选锋[18]，曰北。

凡此六者，败之道也，将之至任，不可不察也。

夫地形者，兵之助[19]也。料敌制胜，计险厄远近[20]，上将之道也。知此而用战者必胜，不知此而用战者必败。

故战道必胜[21]，主曰无战[22]，必战可也；战道不胜，主曰必战，无战可也。故进不求名，退不避罪，唯人是保，而利合于主，国之宝也。

视卒如婴儿，故可与之赴深溪[23]；视卒如爱子，故可与之俱死。厚而不能使，爱而不能令[24]，乱而不能治，譬若骄子，不可用也。

知吾卒之可以击[25]，而不知敌之不可击，胜之半也；知敌之可击，而不知吾卒之不可以击，胜之半也；知敌之可击，知吾卒之可以击，而不知地形之不可以战，胜之半也。故知兵者，动而不迷[26]，举而不穷[27]。故曰：知彼知己，胜乃不殆；知天知地，胜乃不穷。

【注　释】

[1] 先居高阳：先，指抢先。高阳，地势高而朝阳的地方。
[2] 利粮道：选择有利于保持粮道通畅的地方。

[3] 出而胜之：出，出击、出战。出而胜之，这里的意思是指出战可以取得胜利。
[4] 敌虽利我：敌军以利益为诱饵来引诱我军。
[5] 盈之以待敌：盈，充盈。盈之以待敌，在山间峡谷的"隘形"地带，我军抢先占据了有利地形必须用充盈的兵力堵住隘口，以等待敌军前来进攻。
[6] 盈而勿从：盈，指敌军兵力充盈。从，跟从，这里引申为进攻。盈而勿从，当敌军已用充足的兵力把守住隘口时，我军就不能进行攻击。
[7] 地之道：这里是指用兵打仗，利用地形的原则。
[8] 将之至任：至任，最重大的任务。将之至任，为将者最大的责任。
[9] 兵有走者：兵，指败兵。走，指逃走。兵有走者，一种临敌败逃的兵。
[10] 有驰者：弛，松弛。弛者：指兵有驰者，即指一种士气不高，纪律涣散难以约制的军队。
[11] 有崩者：一种崩溃四散的军队。
[12] 有乱者：一种官兵关系混乱紧张，列队杂乱无章的军队。
[13] 有北者：一种一遭战斗，便必打败战的军队。
[14] 夫势均，以一击十，曰走：在双方指挥水平、战斗力乃至所处地形都相当的情况下，却以我方一成兵力去对付敌方十倍于我的兵力，必然寡不敌众，见敌就跑，这就叫"走兵"。
[15] 吏强卒弱，曰陷：将吏勇敢，但士卒怯弱，没有战斗力，对敌作战，终将陷入覆没。这就叫"陷兵"。
[16] 遇敌怼而自战：怼，愤怒。遇敌怼而自战，对敌人满怀怨愤而擅自出战。
[17] 将不知其能：统帅部队的主将不了解下面高级军官的才能。
[18] 兵无选锋：打战时，没有经过挑选的精锐先头部队。
[19] 兵之助：兵，指用兵打仗。兵之助，用兵打仗的辅助条件。
[20] 计险厄远近：算计地形的险要和路途的远近。
[21] 战道必胜：按照战争自身的规律办事，必然取得胜利。
[22] 主曰无战：君主讲不能战。
[23] 可与之赴深溪：可以与人共患难。
[24] 爱而不能令：虽然很疼爱他们却又不能命令他们。
[25] 知吾卒之可以击：了解自己的军队可以作战。
[26] 动而不迷：采取某种军事行动却不至于发生迷误。
[27] 举而不穷：举措千变万化，没有穷尽。

【译 文】

孙子说：地形有"通""挂""支""隘""险""远"等六种。凡是我们可以去，敌人也可以来的地域，叫作"通"；在"通"形地域上，应抢先占据开阔向阳的高地，保持粮道畅通，这样作战就有利。凡是可以前进，难以返回的地域，称作"挂"；在挂形的地域上，假如敌人没有防备，我们就能突击取胜。假如敌人有防备，出击又不能取胜，而且难以回师，这就不利了。凡是我军出击不利，敌人出击不利的地域叫作"支"。在"支"形地域上，敌人虽然以利相诱，我们也不要出击，而应该率军假装退却，诱使敌人出击一半时再回师反击，这样就有利。在"隘"形地域上，我们应该抢先占领，并用重兵封锁隘口，以等待敌人的到来；如果敌人已先据了隘口，并用重兵把守，我们就不要去进攻；如果敌人没有用重兵据守隘口，那么就可以进攻。在"险"形地域上，如果我军先敌占领，就必须控制开阔向阳的高地，以等待敌人来犯；如果敌人先我占领，就应该率军撤离，不要去攻打它。在"远"形地域上，敌我双方地势均同，就不宜去挑战，勉强求战，很是不利。以上六点，是利用地形的原则。这是将帅的重大责任所在，不可不认真考察研究。

军队打败仗有"走""驰""陷""崩""乱""北"六种情况。这六种情况的发生，不是天时地利的灾害，而是将帅自身的过错。地势均同的情况下，以一击十而导致失败的，叫作"走"。士卒强悍，军官懦弱而造成失败的，叫作"驰"。将帅强悍，士卒懦弱而失败的，叫作"陷"。偏将怨仇不服从指挥，遇到敌人擅自出战，主将又不了解他们能力，因而失败的，叫作"崩"。将帅懦弱缺乏威严，治军没有章法，官兵关系混乱紧张，列兵布阵杂乱无常，因此而致败的，叫作"乱"。将帅不能正确判断敌情，以少击众，以弱击强，作战又没有精锐先锋部队，因而落败的，叫作"北"。以上六种情况，均是导致失败的原因。这是将帅的重大责任之所在，是不可不认真考察研究的。

地形是用兵打仗的辅助条件。正确判断敌情，考察地形险易，计算道路远近，这是高明的将领必须掌握的方法，懂得这些道理去指挥作战的，必定能够胜利；不了解这些道理去指挥作战的，必定失败。所以，根据分析有必胜把握的，即使国君主张不打，坚持打也是可以的；根据分析没有必胜把握的，即使国君主张打，不打也是可以的。所以，战不谋求胜利的名声，退不回避失利的罪责，只求保全百姓，符合国君利益，这样的将帅，才是国家的宝贵财富。

对待士卒像对待婴儿，士卒就可以同他共患难；对待士卒像对待自己的儿子，士卒就可以跟他同生共死。如果对士卒厚待却不能使用，溺爱却不能指挥，违法而不能惩治，那就如同娇惯了的子女，是不可以用来同敌作战的。只了解自己的部队可以打，而不了解敌人不可打，取胜的可能只有一半；只了解敌人可以打，而不了解自己的部队不可以打，取胜的可能也只有一半。知道敌人可以打，也知道自己的部队能打，但是不了解地形不利于作战，取胜的可能性仍然只有一半。所以，懂得用兵的人，他行动起来不会迷惑，他的战术变化无穷。

所以说：知彼知己，胜乃不殆；知天知地，胜乃可全。

【编者解读】

在中国古代战争主要是在陆地和水面进行的，也就是说要在一定的空间范围中进行的。任何形式战争无不受一定的地形条件的影响和制约。因此，对于影响军队行动的战场地形，就不能不仔细加以研究；而为了在整个战略布局上取得有利地位，就不能不对兵要地理作周到的考察。前者属于"军事地形学"的范畴，而后者则属于"军事地理学"的范畴。在中国古代，对两者的区分并不严格，人们通常是对它们作通盘的研究和阐述的，孙子在这方面也不例外。

在冷兵器作战时代，掌握和利用地形地理，对于决定战争的胜负关系尤为重大。因此，早在孙子之前，人们即开始探讨军事与地理条件的关系，并留下了不少足资启迪的理论雏形。例如《易·师·六四》有云："师，左次，无咎。"意思是说，军队在作战行动中只要占领有利的地形，就等于掌握了主动，不再会有危险。又如《易·同人》亦说："伏戎于莽，升其高陵，三岁不兴。"意谓若能利用草木茂盛的特殊地形条件，巧妙隐蔽军队，并抢先占领有利的制高点，就能够顺利战胜敌人，使得敌人大伤元气，多年无法得到恢复。这些论述都成了孙子构筑其军事地理思想的重要理论来源。

地形，特别是军事地形学对战争的胜败发挥着极其重要的作用，孙子对地形的利弊和正确利用地形的重要性，十分重视。在战前的筹谋划算中，地形是"经之以五事"，比较、分析从而了解敌我双方情况的内容之一（始计篇）；在两军相对而争利，如何先敌占领优势地形，造成有利态势，是

『第10章 地形篇』

至关重要的问题,也是衡量将帅能否胜任的标准之一,因此,"不知山林、险阻、沮泽之形者,不能行军";(军争篇)在敌我双方战场厮杀,兵刃相加,地形往往是决定战略战术的主要依靠,"用兵八戒"之"高陵勿向,背丘勿逆"(军争篇)、"九变之地利"(九变篇)等,都强调根据地形之利弊变换作战方法;地形是"处军"的主要依据,也是"相敌"的重要方面。(行军篇)现在又专列地形篇而主要论述如何善于利用地形之利,以克敌制胜;紧随其后又有九地篇从战略高度审视各种地形的特点,反复强调根据不同地形制定相应作战原则和战术方法的基本思想。这在中国古代2500年前的伟大军事家孙子所著的兵书中已经充分地说明地形的重要性,这一点在历史书籍中体现得非常充分,相信没有人怀疑。

但是,孙子绝不是"唯条件论者",更不是"唯地形论",没有把地形无限抬高到决定战争胜负的唯一因素的荒唐地步。相反,孙子极力主张的是充分利用地形之利弊,努力造成有利于我军而不利于敌军的局势,从而克敌制胜。"知地之形""用地之利""得地之利",是孙子反复强调的重要思想。"地形者,兵之助也"。在孙子看来,地形只是用兵打仗的辅助条件,它有助于战争的成败,却绝不能直接决定敌我的胜负。

既然地形只有"兵之助",那么,谁又是"兵之主"呢?是统帅之军、指挥作战的将帅,"将者,国之辅也"(谋攻篇),"民之司命,国家安危之主"(作战篇)。可以说孙子在"十三篇"中时刻都在强调将帅的重要性,无处不在对将帅提出各式各样、尽善尽美的要求和标准,"善用兵者"是使用频率极高的词语。在论述到地形的时候,孙子不仅强调将帅应如何正确认识、使用地形来处置军队、选择战术,充分发挥地形之利而获得战争胜利,而且往往特意指出优秀的将帅应该具备的基本品格和素质,反复论述"将之五德"(即"智、信、仁、勇、严"),告诫将帅警惕和预防错误的发生,如"将有五危"(九变篇),并提出了"令之以文,齐之以武""素行教民"(行军篇),"爱卒如子"但绝不溺爱(地形篇)和"君命有所不受"(九变篇)等为将的准则规范。在地形篇及以后各篇中,情形也是如此。

孙子对将帅的重视以及对优秀将帅的要求,论述极为详尽,占篇幅也相当大,如果将相应的段落集中起来,取名"将帅篇",恐怕比现存"十三篇"中任何一篇的分量都要重,篇幅都要长。但是,"十三篇"中没有专门的《将帅》篇,这到底是孙子的失误呢,还是孙子有意的安排呢?或可谓,"十三篇"处处言将帅,其实"十三篇"就是一部"将帅论"。

当然,孙子对将帅的重视,是建立在"用兵趁卒"基础上的,相比之下,对士兵在战争中的主观能动性和重要作用,没有给予相应的重视,明显存在严重的偏误与局限,这是需要明确指出的。但是,孙子在特定的历史条件下,受各种因素的制约而犯的这一错误,有其必然性,是不好求全责备、苛求古人的。

然而,在孙子之前,关于地形运用原则的论述,尚远远未臻成熟。这表现为,一是片言只语,零碎散漫,缺乏深度;二是没有涉及兵要地理问题,缺乏广度。只有到了孙子那里,利用地理条件以克敌制胜,才成为军事理论中的重要组成部分,军事地理学才具备基本规模。换句话讲,孙子乃是中国古代第一位系统探讨地形、地理条件与军事斗争成败之相互关系的兵学大师。

孙子的军事地理学思想主要包括两个方面。一是对兵要地理的论述,他撰写九地篇,对这一问题集中进行了探讨,提出了军队在九种不同的战略地理环境中展开行动的基本指导原则。以下我们将另作分析。二是对战术地理的论述,主要见于本篇以及前面的行军篇。概括地说,本篇的主旨是论述利用地形的意义以及军队在各种地形条件下进行作战的基本原则。作为中国历史上最早的军事地形学的系统化精辟理论,它弥足珍贵,价值永恒。

孙子从当时的实战要求出发,具体地分析了军队在作战中可能遇上的六种基本地形。"通""挂""支""隘""险""远",说明了这六种地形的各自特征,并且就这六种不同的地形条件,提出了具体而又适宜的作战指挥要领。例如,在敌我都可以来去自由、四通八达的"通"形地域上,作战指导者应该抢先占领开阔向阳的高地,保持粮草补给线的畅通无阻("利粮道"),从而牢牢地把握主动,等等。

当然,按孙子的理解,地形条件是客观存在的,如何利用地形,确立优势,关键还在于发挥将帅的主观能动性。因此,他进而论述了军队由于将帅战术呆板、指挥失当而导致失败的六种情况——"六败":"走(败逃)、弛(松弛)、陷(战斗力弱)、崩(崩溃)、乱(混乱)、北(败北)"。细致剖析了"六败"的具体原因和主要表现,并强调造成失败的责任应该由将帅来承担:"非天之灾,将之过也。"由此可见,孙子的军事地形学思想是系统而辩证的,做到了主客观条件的有机结合,即通

第10章 地形篇

过对"地有六形"的具体阐发,揭示了地形条件与战争活动之间的内在关系,又通过对"兵有六败"的论述,说明了主观指导失误在作战行动中必然会造成失败。"地有六形"讲的是客观因素;"兵有六败"讲的是人的主观因素。孙子在恰如其分评价地形在军事上重要作用的同时,正确地强调了人的主观能动性的发挥,认为只有将战场地形等有利的客观因素与战争指导者的主观能动性相结合,才能达到趋利避害、稳操胜券的目的。这无疑是符合朴素唯物辩证法原则的,也确保了孙子"知彼知己,胜乃不殆;知天知地,胜乃不穷"的用兵指导达到真正理想的境界,主宰战局,无往不胜。

孙子在强调将帅要掌握"地之道""败之道"之后,专门论述了将帅素质的几个重要方面。其一,"料敌制胜,计险厄远近",即依托地形判断敌情,决定战略战术;其二,遵循"战道""唯人是保"的原则,按照战争的自身规律与战场上的实际情况,决定是否用兵,而不是从"求名""避罪"出发,唯君命而从,这样的将帅才是"国之宝也";其三,爱卒如子,但绝不溺爱,赏罚分明,宽严结合,与士兵建立起真挚的情感,做到共患难、共死生,使军队有强大的战斗力;其四,了解敌我双方的情况,综合天时、地利、人和等因素,清醒处置,变化战术,获取全胜。在"知己知彼"的同时,孙子特别加上了"知天知地"一条,只有尽知一切与战争有关的情况,才能有效地用地之利、避地之害,用己之长、击敌之短,避免"败兵之道"而依"战道必胜",于是"胜乃可全"。

另外,本篇还有一些观点也值得注意和肯定,就是孙子对将帅提出的为将道德论。"故战道必胜,主曰无战,必战可也;战道不胜,主曰必战,无战可也。故进不求名,退不避罪,唯人是保,而利合于主。"他要求将帅以国家民众利益为重,勇于承担责任,敢于有所作为,一切按战争一般规律来行动。这无疑是正确优秀的原则,在今天仍有激励与启示作用。最后,需要指出的是,孙子的军事地形学思想在后世是为众多兵家所一致推崇的,所谓"凡与敌战,三军必要得其地利"(《百战奇略·地战》)、"两军交战,地不两利;我先得之,敌为我制。虽可利人,实由人择;固分险易,还务通权"(《草庐经略·地形》)等,皆可视作是对孙子战术地理思想的继承和发挥。

"知彼知己,胜乃不殆;知天知地,胜乃可全",是孙子提出的重要原则,是其全胜思想的进一步阐述。同时,强调"知天知地",在章法上也回扣篇名,首尾照应，兵法之言，颇合文章之道，也值得注意。

◉ 魏灭蜀之战

公元263年，魏国权臣司马昭决定向蜀汉发动战争，18万魏军分三路南下：西路军由邓艾所率的3万多人，出狄道向甘松、沓中直接进攻姜维；中路军由诸葛绪率3万多人马，自祁山向武街、阴平之桥头切断姜维后路；而东路军由钟会率主力10余万人，再分三路分别从斜谷、骆谷、子午谷进军汉中。

刘禅闻讯后，忙命廖化增援姜维；派张翼和董厥到阳安关口防守钟会军。9月，魏军正式发动全面攻势，蜀国方面依照姜维的布防计划，命汉中的蜀军不得战斗，退至汉乐二城驻守。钟会派李辅进攻乐城的王含、荀恺进攻汉城的蒋斌，自己则带兵攻阳安关，派胡烈攻关城。魏兴太守刘钦由子午谷出与魏军主力会师。关城守将、关中都督傅佥想坚守，但部将蒋舒因被降职而怀恨在心，遂建议傅佥出战。傅佥出战后，蒋舒投降魏军，傅佥奋战而死。此时除了柳隐坚守的黄金城与汉乐二城，汉中多数据点已被攻克。钟会又闻魏军得重镇关城，获其库藏粮谷，于是留下2万兵力围住汉乐二城，领东路大军长驱直入，直逼剑阁。

西路军也同时展开攻势，邓艾命天水太守王颀、陇西太守牵弘、金城太守杨趋分别从东、西、北三面进攻沓中的姜维。而姜维因获悉魏军已进入汉中的消息，担心阳安关失守，剑阁孤危，便不作抵抗，且战且退，希望尽快赶到关城援助。但中路诸葛绪军已从祁山进达阴平之桥头，切断了姜维的退路。

姜维为引开魏军，便率军从孔函谷绕到诸葛绪后方，诈称攻击。诸葛绪怕自己的后路被切断，慌忙后退三十里，姜维趁机立即回头越过阴平桥头，当诸葛绪察觉自己上当时,已经与蜀军相差一天,追赶不及。姜维从桥头至阴平,一路向南撤,途中与正在北上的廖化、张翼、董厥等蜀汉援军会合。听闻关城丢失,蜀军唯有退守剑阁,抵抗魏军。

剑阁在今四川剑阁县,西有相连的小剑山和大剑山,地形险峻,道小谷深,易守难攻,姜维利用这种有利于防守的地形,在此列营守险,而刘禅也派人向东吴求救,吴国派出丁封、孙异等救蜀。

钟会大军被蜀军阻于剑门关外,不能前进。但剑阁又是通往成都的主要通道,不能放弃。于是钟会致书姜维:"公侯以文武之德,怀迈世之略,功济巴、汉,声畅华夏,远近莫不归名。每惟畴昔,尝同大化,吴札、郑乔,能喻斯好。"劝原为魏人的姜维归降。姜维不予回答。钟会文笔虽佳,面对天险,还是得用武略攻之。然蜀军保险拒守,魏军攻关不克,又是孤军深入,运粮不便,于是钟会便商议退兵。

在这个关键时刻,邓艾提出了一条奇策,其要点是:魏军从阴平绕小道攻涪,这样姜维若从剑阁来援,则剑阁势孤易破,钟会大军即可前进;若蜀军不援涪,魏军破涪,切断姜维后路,并可直指成都。这条计策被接纳了,并由邓艾执行。

邓艾清代画像

邓艾挑选精兵，想与诸葛绪联合经江油避开剑阁，直取成都。但诸葛绪以自己只受命攻击姜维，不可自作主张为由，拒绝邓艾联军之议，率军东去与钟会军会合。同时钟会派田章从剑阁西的道路进攻江油，田章破蜀军三校，后受邓艾节度为先锋。不过，钟会为扩大军权，密告诸葛绪畏懦不前，使其被征还洛阳，其部归属钟会。

从阴平到江油，高山险阻，人迹罕至，十分艰难，也因此之故，蜀汉未在此设防。这年十月，邓艾率军三万自阴平道，行无人之地300多公里，一路凿山通道，造作桥阁。邓艾身先士卒，在克服了许多难以想象的困难之后，魏军终于通过了阴平险道，到达江油。江油关亦是"险峰壁立，直插云天；关下江流湍急，浊浪翻卷"的天险，但蜀汉江油守将马邈见魏军奇迹般出现，大惊失色，不战而降。

江油失守后，刘禅派诸葛瞻抗击邓艾，黄崇劝告诸葛瞻："宜速行据险，无令敌得入平地。"但诸葛瞻犹豫不决，被邓艾夺取了险地。诸葛瞻督军到涪城并遇魏军发生战斗，邓艾大败诸葛瞻前锋，诸葛瞻被迫退守绵竹。邓艾遣使致书诸葛瞻劝降说："若降者必表为琅邪王。"诸葛瞻怒斩使者。邓艾立即派其子邓忠及师纂等，从左右两面进攻蜀军。魏军失利，邓艾大怒，扬言要斩邓忠、师纂，命二人再战以将功补过。结果二人大破蜀军，斩杀诸葛瞻及张遵、黄崇等人，魏军进占绵竹，并立即进军成都。

当时蜀汉兵多在剑阁，而成都兵少。当蜀君臣闻魏军到来时，皆不知所措。有人建议先逃向南中地区，也有人建议东投孙吴，其中谯周则力主降魏，群臣多附和。十一月，刘禅接受谯周意见，开城降魏，魏军占领成都，同时遣使令姜维等投降，蜀汉正式灭亡。

而在坚守剑阁的姜维，虽闻诸葛瞻兵败，但未知刘禅确切消息，恐腹背受敌，便引军东入巴中。钟会率魏军进驻涪城，另派胡烈、田续、庞会等追赶姜维。姜维再退到郪县，得知真实情形后，姜维便率廖化、张翼、董厥等人投降钟会军。魏灭蜀之战结束。

魏灭蜀之战，是强者消灭弱者的一场战争。魏能灭蜀，在于前者在政治、经济和军事等方面优于后者，但战场上的胜负，又与双方的指挥、策划直接相关。魏征西将军邓艾善于利用地形，他趁两军主力相持之际，率偏师出奇兵，行大纵深迂回穿插，绕过蜀军的正面防御，直捣蜀都成都，创造了中国战争史上著名的奇袭战例。此外，魏国的多位将军都熟悉兵法，用兵原则正确，才会让魏国那么快就取得胜利，可谓名副其实的"上将"。

姜维画像

◈ 刘裕灭南燕

孙子在地形篇中对选择地形的重要性和有关各种地形的行动原则进行了详细的论述，提出"料敌制胜，计险厄远近，上将之道也"，告诉大家在作战中，除了要了解地形之外，还必须准确预测到战况的进程，然后创造条件，使战局按着自己预想的目标发展，最后发挥地形的优势战胜敌人。在东晋灭南燕之战中，东晋大将刘裕就是这样一位"上将"，他考虑周全，果敢行事，取得了战争的胜利。

公元409年（晋义熙五年）二月，南燕曾两次进攻东晋北部边境。三月，刘裕上表晋安帝请求兴师北伐南燕。刘裕率领军队从建康（今南京）出发，沿淮河入泗水，进据琅。所过之处都修筑城池，留兵守卫，以防燕袭击后方。这时有人劝刘裕不宜深入腹地，认为燕获悉晋大军远出，必将扼守大岘（今东沂山穆陵关）之险，或以坚壁清野断绝晋军粮资，这样不仅难以成功，而且有全军覆没的危险。刘裕则认为，南燕皇帝慕容超性情贪婪，不懂得深谋远虑，不会坚守大岘关险要之地。

刘裕画像

慕容超听闻东晋大军将至，召集众大臣商议退敌之策。当时慕容超的心腹公孙五楼劝他说："东晋军兴兵而来，士气正盛，切不可与之争锋。可先避其锋芒，利用地形优势坚守不出；待其士气衰弱，择机强攻。并安排大将军段晖带军攻其腹背，两军强攻定能取胜，这是上策。坚壁清野，据城固守，乃是中策。如果放刘裕入大岘关，出城迎战，实乃下策。"忠言逆耳利于行，可慕容超却偏偏不听，认为燕国京都是座坚城，怎可坚壁清野，应该诱敌深入，再用铁骑冲杀，一举灭掉东晋。忠臣苦苦劝说，可慕容超就是听不进去。

慕容超按照自己的战略规划，秣兵厉马，修建城池，在城池边上静待晋军来攻城。晋军不战而顺利地越过大岘关，进入南宋境内，刘裕指着一马平川的田野和一片片成熟的庄稼，兴奋地对将士们说师已过险，粮食遍野，粮草充足，灭南宋只是迟早的事情。

六月，公孙五楼率军5万余众至临朐。后听说晋军进入大岘关，慕容超令公孙五楼等前往占领、控制水源。不料公孙五楼为晋前锋孟龙符所败，晋军将战车4000辆分为左右翼，配以轻骑作为游军，乘胜前进，激战良久，战况胶着。此时，刘裕手下胡藩建议："燕兵大部队都已出城作战，临朐城中必然空虚，我愿自引支军队抄小道到燕兵身后，拿下临朐。"刘裕对此计十分赞许。胡藩便以奇兵突袭临朐，号称是从海路前来的轻兵，临朐守军大惊，没怎么抵抗就丢了城。

慕容超逃回广固城内，晋兵穷追不舍，强攻外城，慕容超拼死抵抗坚守内城。由于能就地取粮，解除了后顾之忧，刘裕采取了围而不攻的策略，督兵挖堑三层，筑高三丈的长围以困燕军。慕容超先后派尚书郎张纲、尚书令韩范到后秦求援。刘裕听说张纲善治工具，命人在途中截获，并让其绕城大呼夏王赫连勃勃已破秦军，无兵救援。城中兵民惊恐。当时江南每发兵北上增援，或遣使至广固，刘裕皆在夜间追兵往迎，天明则张旗鸣鼓而至，以示援兵众多。

慕容超被围困长达数月，眼见救兵无望，张纲被俘，愿意割让大岘以南的土地作为条件，称臣于东晋。但是遭到了拒绝。

十月，张纲为刘裕军所造攻城器具完毕。晋军由于拥有了良好的攻城器械，杀伤燕军日众，加之燕军被困已久，城中粮食将尽，燕军官吏纷纷越城降晋。虽然将军公孙五楼、贺赖卢曾挖掘地道，率众出城袭击晋兵，但无法破敌，故劝告慕容超降服。但慕容超说："吾宁奋剑而死，不能衔璧而生！"

公元410年（晋义熙六年）二月初五，刘裕下令攻城，悦寿开启城门放入晋军，慕容超率数十骑突围而逃，被晋军生俘，送至建康斩首,南燕灭亡。

刘裕在击灭南燕的作战中，最高明的战略指导是善于从敌我双方政治、经济、自然地理等诸多方面权衡优劣，作出相应的作战决策。比如，刘裕从分析燕人"不知远计，近利掠获"的心理状态中，定下了越大岘险山、直冲燕军京师的战略；针对燕军骑兵众多、机动和突击力强，长于平原作战的特点，采取以车战为主，配合以步、骑兵制胜的方针。既以车阵阻挡了骑兵的冲击锋锐，又发挥了车兵、步兵以弓箭矢石与长矛杀伤敌人的威力。在深入燕境之后，刘裕便采取了以军事打击为主与政治上分化瓦解相结合的方针。他一方面安抚百姓；一方面招降燕军官吏，使南燕的一些重要大臣、将吏不断投向晋军，每日归附的百姓也多达千人以上。这使燕军的士气受到严重的打击，军无斗志，人心思降，终于使自称拥有"铁骑万乘"的南燕君主慕容超，成了坐困孤城束手待毙的孤家寡人。

慕容超愚笨无能，缺乏应有的战略远见，也是促成晋军获胜难得的客观因素。南燕并非没有谋臣战将，许多臣子都曾极力向慕容超提出过颇为高明的战略决策，但均被慕容超弃之不用。若南燕能够按照公孙五楼提出的扼守大岘，阻敌深入，精骑沿海南下，切断晋军粮道，再以骑兵两面夹击的作战方针行动，那么东晋是否能如此顺利地击灭南燕，无疑又当别论。由此看来，从相对意义上讲，慕容超弃险不守，纵敌入岘，固守京城广固，将腹心要害地区拱手让给晋军错误的作战指导，几乎成了南燕战败偶发的决定性因素。

聪明的马克·吐温

争取克敌制胜的主动权，考察地形的险易，计算路程的远近，这是高明将领的用兵方法。为人处世与兵战一样，也要注意环境的创造。因为氛围不同，产生的办事效果也会不同。每个高明的将领，都懂得如何争取在较好的地理环境下作战。聪明的人，除了要有一副善言的口舌之外，还应懂得如何在较好的环境中处理好人际关系。若想发挥自己的能力，就要注意你所处的环境是否合适。如果没有合适的环境和气氛，则应设法创造。

1890年，美国著名的作家马克·吐温等一行20来人参加道奇夫人的家宴。宴会开始不久，就发生了大宴会经常发生的情况：人人都在跟旁边的人谈话，而且在同一时间里讲话，慢慢地嗓音便越提越高，拼命想让对方听见。

马克·吐温

马克·吐温觉得这像一场骚动、一次起义,有伤大雅,太不文明了。如果这时突然大叫一声,叫人们安静下来,其结果也许会适得其反,怎么办?

马克·吐温心生一计,便对邻座的一位太太说:"我要让这场吵闹安静下来,法子只有一个。您把头歪到我这边来,仿佛对我讲的话听得非常起劲。我只要低声跟您叽叽咕咕一阵子,您就会看到,谈话者会一个个停下来,这里便会一片寂静,除了我的叽叽咕咕以外,什么声音也没有。"

接着,他就低声讲起来:"11年前,我到……"说到这里,道奇夫人那边起义般闹哄哄的声音小了下来,然后寂静沿着长桌迅速地蔓延开来。马克·吐温用更轻的声音一本正经地讲下去:"在X先生不做声时……"

到这时,马克·吐温的叽咕声已达到目的,餐厅里一片寂静。

马克·吐温见时机已到,便开口说明为什么他玩这个游戏,他是请大家多顾虑一下别人的感受,大家不要同时尖叫,让大家一个一个地讲话,其余的人静静地听着。

他们同意了马克·吐温的意见,之后的时间里,大家都过得高高兴兴。马克·吐温非常欣慰,因为他机智地创造了一个轻松愉快的环境。

第 11 章　九地篇

　　九地篇是《孙子兵法》的第十一篇,也是全书最长的一篇,虽然列于下卷,但其重要性并不亚于始计篇,谋攻篇,虚实篇诸篇。它内容丰富,思想精辟,说理透彻,富有深刻的战争哲理,对后世产生了深远的影响。

【原　文】

孙子曰：用兵之法，有散地[1]，有轻地[2]，有争地[3]，有交地[4]，有衢地，有重地，有圮地，有围地，有死地。诸侯自战其地，为散地；入人之地不深者，为轻地；我得则利，彼得亦利者，为争地；我可以往，彼可以来者，为交地；诸侯之地三属[5]，先至而得天下众[6]者，为衢地[7]；入人之地深，背城邑多者[8]，为重地[9]；行山林、险阻、沮泽，凡难行之道者，为圮地[10]；所由入者隘，所从归者迂，彼寡可以击吾之众者，为围地[11]；疾战则存，不疾战则亡者，为死地。

是故散地则无战，轻地则无止，争地则无攻，交地则无绝，衢地则合交，重地则掠，圮地则行，围地则谋，死地则战。

所谓古之善用兵者，能使敌人前后不相及，众寡不相恃，贵贱不相救，上下不相收，卒离而不集，兵合而不齐。

合于利而动，不合于利而止。

敢问："敌众整而将来，待之若何？"曰："先夺其所爱，则听矣。"

兵之情主速，乘人之不及，由不虞之道，攻其所不戒也。

凡为客之道：深入则专，主人不克；掠于饶野，三军足食；谨养而勿劳，并气积力；运兵计谋，为不可测。投之无所往，死且不北。死焉不得，士人尽力。

兵士甚陷则不惧，无所往则固，深入则拘，不得已则斗。是故其兵不修而戒，不求而得，不约而亲，不令而信，禁祥去疑，至死无所之。吾士无余财，非恶货也；无余命，非恶寿也。令发之日，士卒坐者涕沾襟，偃卧者涕交颐，投之无所往，诸、刿之勇也。

故善用兵者，譬如率然。率然者，常山之蛇也。击其首则尾至，击其尾则首至，击其中则首尾俱至。敢问："兵可使如率然乎？"曰："可。"夫吴人与越人相恶也，当其同舟而济，遇风，其相救也如左右手。是故方马埋轮，未足恃也；齐勇若一，政之道也；刚柔皆得，地之理也。故善用兵者，携手若使一人，不得已也。

将军之事，静以幽，正以治。能愚士卒之耳目，使之无知；易其事，革其谋，使人无识；易其居，迂其途，使民不得虑。帅与之期，如登高而去其梯；帅与之深入诸侯之地，而发其机，焚舟破釜，若驱群羊，驱而往，驱而来，莫知所之。

聚三军之众，投之于险，此谓将军之事也。九地之变，屈伸之利，人情之理，不可不察。

凡为客之道，深则专，浅则散。去国越境而师者，绝地也；四通者，衢地也；入深者，重地也；入浅者，轻地也；背固前隘者，围地也；无所往者，死地也。

是故散地，吾将一其志；轻地，吾将使之属；争地，吾将趋其后；交地，吾将谨其守；衢地，吾将固其结；重地，吾将继其食；圮地，吾将进其途；围地，吾将塞其阙；死地，吾将示之以不活。

故兵之情，围则御，不得已则斗，过则从。

是故不知诸侯之谋者，不能预交；不知山林、险阻、沮泽之形者，不能行军；不用乡导者，不能得地利。四五者，不知一，非霸王之兵也。夫霸王之兵，伐大国，则其众不得聚；威加于敌，则其交不得合。是故不争天下之交，不养天下之权，信己之私，威加于敌，故其城可拔，其国可隳。施无法之赏，悬无政之令，犯三军之众，若使一人。犯之以事，勿告以言；犯之以利，勿告以害。投之亡地然后存，陷之死地然后生。夫众陷于害，然后能为胜败。

故为兵之事，在于顺详敌之意，并敌一向，千里杀将，是谓巧能成事也。

是故政举之日，夷关折符，无通其使，厉于廊庙之上，以诛其事。敌人开阖，必亟入之。先其所爱，微与之期。践墨随敌，以决战事。是故始如处女，敌人开户；后如脱兔，敌不及拒。

【注　释】

[1] 散地：诸侯在自己领地内作战，其士卒在危急时容易逃亡离散，故称其地为"散地"。
[2] 轻地：指进入敌人的领地较浅，士卒思返并可以轻易返回的地区。
[3] 争地：指战争双方必然争夺的险要之地。
[4] 交地：指道路交错，交通方便的地区。交：指交通要冲。
[5] 诸侯之地三属：指自己的国家、敌对国和第三国交界的地区。属：连接。三属：三国相连接。
[6] 得天下众：指得到诸侯援助。
[7] 衢地：道路四通八达的地方，这里指各国相毗邻的要冲。
[8] 背城邑多者：指已经经过了敌国的许多城邑。
[9] 重地：指敌国内部离自己的边境已经很远的地方。

[10] 圮地：指通行困难的地方。
[11] 围地：指进入的道路狭窄，退回的道路迂远曲折，敌人容易设伏和以少击众的地方。

【译　文】

　　孙子说：按照用兵的原则，军事地理有散地、轻地、争地、交地、衢地、重地、圮地、围地、死地。诸侯在本国境内作战的地区，叫作散地。在敌国浅近纵深作战的地区，叫作轻地。我方得到有利，敌人得到也有利的地区，叫作争地。我军可以前往，敌军也可以前来的地区，叫作交地。多国相毗邻，先到就可以获得诸侯列国援助的地区，叫作衢地。深入敌国腹地，背靠敌人众多城邑的地区，叫作重地。山林险阻沼泽等难于通行的地区，叫作圮地。行军的道路狭窄，退兵的道路迂远，敌人可以用少量兵力攻击我方众多兵力的地区，叫作围地。迅速奋战就能生存，不迅速奋战就会全军覆灭的地区，叫作死地。因此，处于散地就不宜作战，处于轻地就不宜停留，遇上争地就不要勉强强攻，遇上交地就不要断绝联络，进入衢地就应该结交诸侯，深入重地就要掠取粮草，碰到圮地就必须迅速通过，陷入围地就要设谋脱险，处于死地就要力战求生。

　　从前善于指挥作战的人，能使敌人前后部队不能相互策应，主力和小部队无法相互依靠，官兵之间不能相互救援，上下级之间不能互相联络，士兵分散不能集中，合兵布阵也不整齐。对我有利就打，对我无利就停止行动。试问：敌人兵员众多且又阵势严整向我发起进攻，那该用什么办法对付他们呢？回答是：先夺取敌人最关心爱护的，这样他们就听从我们的摆布了。用兵之理贵在神速，要乘敌人措手不及的时机，走敌人意料不到的道路，攻击敌人没有戒备的地方。

　　在敌国境内进行作战的一般规律是：越深入敌国腹地，我军军心就越坚固，敌人就不易战胜我们。在敌国丰饶地区掠取粮草，部队给养就有了保障。要注意休整部队，不要使其过于疲劳，保持士气，养精蓄锐。部署兵力，巧设计谋，使敌人无法判断我军的意图。将部队置于无路可走的绝境，士卒就会宁死不退。士卒既然能宁死不退，那么他们怎么会不殊死作战呢？士卒深陷危险的境地，就不再存在恐惧，一旦无路可走，军心就会牢固。深入敌境军队就不会离散。遇到迫不得已的情况，军队就会殊死奋战。因此，不须整饬就能注意戒备，不用强求就能完成任务，无须约束就能亲密团结，不待申令就会遵守纪律。禁止占卜迷信，消除士卒的疑虑，他们至死也不会逃避。我军士卒没有多余的钱财，并不是不爱钱财；士卒置生死于度外，也不是不想长寿。当作战命令颁布之时，坐着的士卒泪沾衣襟，躺着的士卒泪流满面，但把士卒置于无路可走的绝境，他们就都会像专诸、曹刿一样勇敢。

　　善于指挥作战的人，能使部队自我策应如同"率然"蛇一样。"率然"是常山地方的一种蛇，打它的头部，尾巴就来救应；打它的尾，头就来救应；打它的腰，头尾都来救应。试问：可以使军队像"率然"一样吧？回答是：可以。吴国人和越国人是互相仇视的，但当他们同船渡河而遇上大风时，他们相互救援，就如同人的左右手一样。所以，想用缚住马缰、深埋车轮这种显示死战决心的办法来稳定部队，是靠不住的。要使部队能够齐心协力奋勇作战如同一人，关键在于部队管理教育有方。要使强弱不同的士卒都能发挥作用，在于恰当地利用地形。所以善于用兵的人，能使全军上下携手团结如同一人，这是因为客观形势迫使部队不得不这样。

　　主持军事行动，要做到考虑谋略沉着冷静而幽深莫测，管理部队公正严明而有条不紊。要能蒙蔽士卒的视听，使他们对于军事行动毫无所知；变更作战部署，改变原定计划，使人无法识破真相；要不时变换驻地，故意迂回前进，使人无从推测意图。将帅向军队布置作战任务，要像使其登高而抽去梯子一样。将帅率领士卒深入诸侯国土，要像弩机发出的箭一样一往无前。对待士卒要能如驱赶羊群一样，赶过去又赶过来，使他们不知道要到哪里去。集结全军，把他们置于险境，这就是统帅军队的要点。九种地形的应变处置，攻防进退的利害得失，全军上下的心理状态，这些都是作为将帅不能不认真研究和周密考察的。

　　在敌国境内作战的规律是：深入敌境则军心稳固，浅入敌境则军心容易涣散。进入敌境进行作战的称为绝地；四通八达的地区叫作衢地；进入敌境纵深的地区叫作重地；进入敌境浅的地区叫作轻地；背有险阻前有隘路的地区叫作围地；无路可走的地区就是死地。因此，在散地，要统一军队意志；在轻地，要使营阵紧密相连；在争地，要迅速出兵抄到敌人的后面；在交地，就要谨慎防守；在衢地，就要巩固与列国的结盟；入重地，就要保障军粮供应；在圮地，就必须迅速通过；陷入围地，就要堵塞缺口；到了死地，就要显示死战的决心。所以，士卒的心理状态是：陷入包围就会竭力抵抗，形势逼迫就会拼死战斗，身处绝境就会听从指挥。不了解诸侯

『第二章　九地篇』

列国的战略意图，就不要与之结交；不熟悉山林、险阻、沼泽等地形情况，就不能行军；不使用向导，就无法得到地利。这些情况，如有一样不了解，都不能成为称王争霸的军队。凡是王霸的军队，进攻大国，能使敌国的军民来不及动员集中；兵威加在敌人头上，能够使敌方的盟国无法配合策应。因此，没有必要去争着同天下诸侯结交，也用不着在各诸侯国里培植自己的势力，只要施展自己的战略意图，把兵威施加在敌人头上，就可以拔取敌人的城邑，摧毁敌人的国都。施行超越惯例的奖赏，颁布不拘常规的号令，指挥全军就如同使用一个人一样。向部下布置作战任务，但不说明其中意图。只告知利益而不指出危害。将士卒置于危地，才能转危为安；使士卒陷于死地，才能起死回生。军队深陷绝境，然后才能赢得胜利。所以，指导战争的关键，在于谨慎地观察敌人的战略意图，集中兵力攻击敌人一部，千里奔袭，斩杀敌将，这就是所谓巧妙用兵，达到克敌制胜的目的。

因此，在决定战争方略的时候，就要封锁关口，废除通行符证，不允许敌国使者往来；要在庙堂里再三谋划，作出战略决策。敌人一旦出现间隙，就要迅速乘虚而入。首先夺取敌人战略要地，但不要轻易与敌约期决战。要灵活机动，因敌情来决定自己的作战行动。因此，战争开始之前要像处女那样显得沉静柔弱，诱使敌人放松戒备；战斗展开之后，则要像脱逃的野兔一样行动迅速，使敌人措手不及，无从抵抗。

【编者解读】

九地篇立足于战略地理学的高度，放眼战争全局，围绕当时诸侯争霸兼并战争新的特点和需要，深刻论述了军队在九种不同战略地理环境下进行作战的指导原则，特别强调要根据在不同作战地区官兵所产生的不同心理状态，制定切合实际、行之有效的战略战术，确保赢得战争的胜利。其中对战略进攻中如何实施突然袭击问题的论述，为全篇的精华所在，而其主旨是强调军队作战行动要隐蔽、突然、快速、灵活、凶猛、机动，善于因敌变化，因情制敌。

本篇中，孙武提出"散地无战""衢地交合""轻地无止""重地则掠"的战略原则，并大谈"为客之道"，主张在本土不要打仗，而将战场摆在"入人之地"。显然，率三军将士越境深入敌国腹地，不是为了防御，更不是去做友好访问，而是去攻城略地，争王称霸，是谓"霸王之兵，伐大国也"。

这里，明显地表露出孙武积极进攻的思想，是孙子兵法宏大体系中有机的组成部分之一。在其他篇目中，孙武也涉及进攻，但都是在对战争这一现象做整体把握的前提下，将进攻与防守、进攻与谋略、地形、战争形势结合起来，作为用兵的一个方面来论述的，而九地篇却是将进攻作为主要对象和内容，加以专门的讨论。对于九种地形的解说和应该采取的战术措施，也是从这个角度、这一意义上加以强调和展开的。这样，就使《孙子兵法》成为一个完整圆满的体系，也可以在某种程度上破解文字上重复叠加的疑惑。

　　孙子的进攻战术，集中在两点，即所谓"为客之道"与"政举之日"的相关措施。孙子的"为客之道"，要点是"深入则专""投之无所往，死且不北。死焉不得，士人尽力"。主张大胆深入敌国腹地，"聚三军之众，投之于险""众陷于害，然后能为胜败""焚舟破釜"，置之死地而后生。利用士兵陷于绝境之中本能的求生欲望，以及由此产生的拼争力和勇敢精神改变局面（对统帅者来说，则是实现其既定目标），这是有一定道理的。同时，配合以快速行军，突然袭击，制敌于乱或"先夺其所爱"，迫使敌人听从调遣；团结内部，"齐勇若一""并敌一向，千里杀将""威加于敌，则其交不得合"，使所攻之国孤军奋战；"顺详敌之意""始如处女"，用假象迷惑敌人，令其"开阖""开户"，然后"乘人之不及，由不虞之道""攻其所不戒""巧能成事"。如此，"其城可拔，其国可隳"的愿望，即可实现。

　　孙子曰："兵者，诡道也。""兵以诈立。"在进攻时，孙子特别强调对战略意图的隐蔽。假意顺从，伪装沉静，都是为了掩盖进攻的真相，迷惑敌人。即使是对部属，也应愚其耳目，"使之无知"。不仅如此，孙子还提出某些具体的措施：战前即封锁消息，"夷关折符，无通其使"；战中突然袭击，"先其所爱，微与之期"；一切依据实际情况而不拘于成规定俗，"践墨随敌，以决战事"。"始如处女，敌人开户；后如脱兔，敌不能拒。"这是孙子对于"政举"要点的极为形象的概括。

　　孙子从人的情感、情绪和心理因素出发，探讨如何利用各种地形，充分调动将士们的战斗积极性，防止和克服可能出现的种种消极心理，并将此视为决定战争胜败的重要因素，这是很有见地的，在当时更是十分难得的。

　　孙子极重士气，"三军可夺气""避其锐气，击其惰归"。所谓士气，就是人在不同环境下的复杂心理活动的反映，是情绪、情感的表现，它的形成有主观与客观两方面的条件。在一定情况，客观条件对人们心理活动

『第二章　九地篇』

的影响以及情绪、情感的调动，有着十分直接的作用。孙子对不同地形中如何用兵的论述，就充分看到了战场环境对参与战争的人的情绪、情感和心理的特殊影响，并相应提出了化解消极心理、激发积极心理的有关措施。比如"散地无战""吾将一其志"。在本土不打仗，当然有使本国人力财力免受损失的考虑，但主要的原因是在家门口打仗，士卒容易产生恋家情绪而斗志涣散，因此，将帅应抓紧管理，统一官兵的意志，鼓舞他们的士气。在进入敌国不远的"轻地"，士卒离本土不远，危急时容易产生退归故国的念头，针对于此，孙子主张"轻地则无止""使之属"，即在这样的地区不可停留，应继续深入，而且要注意使部队保持连接，防止士兵松懈斗志，甚至离队逃脱的情况发生。而"深入则专"，在远离国境、深入敌国腹地的地区，后退已无路，前进则多险阻，军队上下的意气便容易统一，力量集中，"并敌一向"。

  孙子论述的重点是"死地""险地"。环境的无情逼迫，可以使人爆发超常的智慧和力量，这是被无数事实和科学理论反复证明了的。孙子总结当时战争的经验，看到了这一现象，其观点正与心理学的基本规律暗合，是相当高明的。他说："故兵之情，围则御，不得已则斗，过则从。"这是因为，人在走投无路的时候，求生便成为第一位的事情，就会无所畏惧，奋力抗争，以求得解脱。"兵士甚陷则不惧""不得已则斗"，因而，"投之无所往，死且不北""投之亡地然后存，陷之死地然后生"，起死回生、反败为胜。从"合于利而动，不合于利而止"的原则出发，孙子主张，将帅应设法营造一种无路可走的情境，从而激发官兵的斗志，去争取胜利，为此，甚至应该"愚士卒之耳目，使之无知"。"投之无所往""登高而去其梯""焚舟破釜""投之亡地""陷之死地"都应是将帅的主观愿望和主动行为，"聚三军之众，投之于险"，此将军之事也，是"九地之变，屈伸之利，人情之理"的具体运用。孙子对"置死地而后生"的钟爱，可见一斑。

  这里，孙子没有对其他情况进行分析，因而容易给人以凡战必致死地才可能获胜的感觉。另外，士气的鼓舞，斗志的激发，完全靠危势逼迫，甚至愚弄蒙蔽，也欠妥当。这是需要甄别而加以剔除的。

  本篇中，对于兵贵神速、隐蔽突击的论述，对将帅指挥能力的要求，也有许多精彩之处。如"兵之情主速，乘人之不及，由不虞之道，攻其所不戒""将军之事，静以幽，正以治""善用兵者，携手若使一人""践墨随敌",等等。而"兵可使如率然""始如处女,敌人开户;后如脱兔,敌不及拒",更是绝妙之语,是孙子为文之本分。

"众陷于害,然后能为胜败",不只是一种理论,更是可能的事。

巨鹿之战

秦朝末年,各地人民纷纷举行起义,反抗秦朝的暴虐统治。农民起义军的领袖,最著名的是陈胜、吴广,接着有项羽和刘邦。

公元前208年,秦将章邯镇压陈胜、吴广起义之后,又攻破邯郸,反秦武装赵王歇及张耳被迫退守巨鹿(今河北平乡西南),被秦将王离率20万人围困。章邯率军20万屯于巨鹿南数里的棘原,并修筑两侧有土墙的通道直达王离营,以供粮草。赵将陈余率军数万屯于巨鹿北,因兵少不敢去救。

楚怀王派宋义为上将军,项羽为次将,带领20万人马去救赵国。宋义引兵至安阳(今山东曹县东南)后,接连46天按兵不动。对此项羽十分不满,去跟宋义说:"秦军包围了巨鹿,形势这样紧急,咱们赶快渡河过去,跟赵军里外夹击,一定能够打败秦军。"

宋义说:"我们还是等秦军和赵军决战以后再说。"他又对项羽说:"上阵跟敌人交锋,我比不上你;要说坐在帐篷里出个计策,你就比不上我了。"

项羽说:"现在军营里没有粮食,但是上将军却按兵不动,这样不顾国家,不体谅兵士,哪里像个大将的样子。"

第二天,项羽趁朝会的时候,拔出剑来把宋义杀了。他提了宋义的头,对将士说:"宋义背叛大王(指楚怀王),我奉大王的命令,已经把他处死了。"

于是,将士们拥立项羽为代理上将军。项羽杀宋义的事,威震楚国,名闻诸侯。

随后,项羽率所有军队前去营救赵国,以解巨鹿之围。楚军全部渡过漳河以后,项羽让士兵们饱饱地吃了一顿饭,然后传下命令:"皆沉船,破釜甑,烧庐舍,持三日粮。"意思是说把渡河的船凿穿沉入河里,把做饭用的锅砸个粉碎,把附近的房屋放把火统统烧毁,每人再带3天干粮。项羽用这个办法来表示他有进无退、一定要夺取胜利的决心。

就这样,没有退路的楚军战士以一当十,杀伐声惊天动地。经过多次交锋,楚军终于以少胜多,把秦军打得大败,杀死了秦将苏角,俘虏了王离,涉间被打得走投无路,放火自焚而死,章邯带着残兵败将急忙后退。那些旧贵族派来的援军,看到项羽大获全胜,又是佩服,又是害怕。从此项羽就做了上将军,诸侯的军队都归他统率。

章邯带领残兵败将后退了几十里,派人到咸阳去求援兵。但赵高正忙着夺位,一个援兵也没派,章邯在走投无路的情况下,就率领剩下的秦军投降了项羽。

巨鹿这一场恶战,项羽的楚军击败了秦军的主力,强大的秦王朝已经无力抵挡农民起义军的进攻了。

巨鹿之战的成功,主要是因为项羽善用兵法,先"破釜沉舟"、自断退路,再"践墨随敌"、各自为战,将士兵们的骁勇善战发挥到了极致,他自己还身先士卒,为士兵们起到了很好的模范带头作用。

连环画家景启民笔下的项羽

蔡州之战

九地篇所涉及的兵法较多,乍看之下,似乎颇显凌乱,但其实每种兵法之间都有很强的联系。通常情况下,只懂得一种用兵之道是很难取得胜利的,必须学会同时运用几种兵法,才能取得胜利,唐朝中期名将李愬平定蔡州就是一个典型的例子。

公元813年(元和九年),淮西节度使吴少阳病死,其子吴元济割据申(今河南信阳)、光(今河南潢川)、蔡(今河南汝南)三州,并派兵在舞阳(今河南舞阳西北)一带烧杀抢掠。唐宪宗李纯曾发兵近9万人,从四面进讨,因用将不当,兵力分散,久战无功。

公元816年腊月,宪宗命太子詹事李愬任唐(今河南泌阳)、随(今属湖北)、邓(今河南邓州市)三州节度使,指挥西路唐军参加讨伐。

公元817年正月,李愬到唐州,时值唐、邓军屡败之后,士气沮丧,畏敌怯战。为安定军心,他亲自慰问士卒,抚恤伤病人员,并佯示戒备松懈,以麻痹对方,暗中则积极准备进攻淮西。

二月,宪宗增调2000步骑加强李愬军。李愬安抚归民,争取降将,分化瓦解淮西军,先后俘获和招抚淮西丁士良、陈光洽、吴秀琳、李忠义、李祐等将为己用,淮西军降者渐多。他询问降卒,详知淮西地形险易、兵力虚实等情况。

三月至五月,李愬军先后进占文城栅(今河南遂平西南)等淮西边境要点,并与北路唐军取得联系,同时切断了蔡州与申、光二州的联络。北路忠武节度使李光颜率陈许等六镇兵马为进攻淮西的主力。三月,李光颜等军在郾城(今属河南)附近击败淮西军主力3万人,迫使郾城守军投降。吴元济见郾城失守,急调蔡州部队加强洄曲(郾城东南)董重质守军。

八月,唐宰相裴度亲到郾城督战,更使吴元济将注意力放在北线。裴度又奏请撤去宦官监军权力,使主将得以根据情况自行用兵。此时,东路寿州(今安徽寿县)军和南路鄂岳(今武昌)军钳制了淮西申、光二州的兵力2万余人,于是蔡州空虚。

裴度画像

九月，李愬领兵攻吴房（今河南遂平），克外城，斩守将，但不占该城，引兵还营，使敌仍分兵驻守。这时，李祐建议：蔡州精兵皆在洄曲，防守蔡州城的均为老弱残兵，可乘虚袭取。李愬遂决心奇袭蔡州，并密报裴度，得到了赞允。

十月十五日，风雪阴晦，李愬利用这一天候，以随州刺史史旻留镇文城，命李祐、李忠义率精兵3000人为前锋，自率3000人为中军，令田进诚率3000人殿后，秘密向蔡州进军。部队刚出发，李愬仅指示向东，行60里，夜至张柴村，命士卒稍事休息，留500人镇守，以断敌朗山（今河南确山）救兵；令丁士良带500人断通往洄曲的桥梁，防洄曲守军回救。随后领兵继续东进。此时方宣布此行是去蔡州擒吴元济。夜半，风雪大作，又急行70里，天未明至蔡州城下，城内守军毫无察觉。李祐、李忠义带领勇士先登城而入，尽杀守门士卒，打开城门放进后续部队。十六日拂晓，雪止，李愬进入吴元济外宅，命田进诚攻牙城，吴元济仓皇登城抵抗。唐军毁外门，占领军械库。十七日继续攻击，在民众协助下，火烧南门，迫吴元济投降。李愬又让董重质之子持书招降其父，申、光二州守军也相继来降。

古为今用

巧妙解围的富兰克林

在生活中，我们常常会遇到这样那样的困境，有时会深陷其中无法解脱。此时，如果消极被动地面对困难不会有好的结果，因此需要掌握主动，使用计谋才能脱离困境，孙子讲的"围地则谋"就是这个道理。美利坚开国三杰之一的本杰明·富兰克林就曾运用"围地则谋"的方法为自己解困。

本杰明·富兰克林画像

1736年，富兰克林在州议会的复选中，被推举为宾夕法尼亚议会下院的书记员。就在选举的紧要关头，一个新当选的议员却在正式选举之前为难他，公开发表了一篇篇幅很长的反对演说，措辞尖锐，缺乏起码的尊重，把富兰克林批驳得体无完肤。

面对出人意料的状况，富兰克林该怎么办？有人劝他和那个议员针锋相对进行辩论，同时也写一篇演说进行回击。但是富兰克林并没有这样做，他说："这位新议员是一位十分有名望、有修养、有才识的绅士，我想，他对我可能有所误会，才做出这样的举动。当然，我并不想为了取得他的好感而在他面前摆出一副卑躬屈膝的样子。我要用另外一种更恰当、更有效的方法。"

原来，富兰克林听说那位新议员收藏了几部十分名贵而罕见的书，于是就写信给他，表示自己十分想读一读这些珍贵的书籍，希望他能答应。在信中，富兰克林丝毫没有提到那个新议员反对演说的事，措辞优雅，对新议员先生也很尊重，充分体现了绅士风度。

果然不出富兰克林所料，议员一接到他的信，就派人把书送过来了。一周后，富兰克林按时归还了那些书籍，还附上一封热情洋溢的感谢信，表达他衷心的谢意。

后来，二人再见面时，那位新议员竟然主动和富兰克林打招呼，而且十分客气，要知道，他以前是根本不同富兰克林讲话的。分别之际，他还答应会尽他所能来帮助富兰克林，后来二人成了很好的朋友。

第12章 火攻篇

火攻篇是《孙子兵法》的第十二篇,强调火攻与水攻均为战争进攻的重要辅助手段,所谓"以火佐攻者明,以水佐攻者强",但由标题可知,火攻是本篇论述的中心题旨。

【原　文】

孙子曰：凡火攻有五，一曰火人[1]，二曰火积[2]，三曰火辎[3]，四曰火库，五曰火队。

行火必有因，因必素具。发火有时，起火有日。时者，天之燥也；日者，月在箕、壁、翼、轸[4]也，凡此四宿者，风起之日也。

凡火攻，必因五火之变而应之[5]。火发于内[6]，则早应之于外[7]。火发而兵静者[8]，待而勿攻[9]。极其火力，可从而从之，不可从而止。火可发于外，无待于内，以时发之。火发上风[10]，无攻下风。昼风久，夜风止。凡军必知有五火之变[11]，以数守之[12]。

故以火佐攻者明[13]，以水佐攻者强[14]。水可以绝，不可以夺[15]。

夫战胜攻取，而不修其功者，凶，命曰"费留"。故曰：明主虑之，良将修之。非利不动，非得不用，非危不战。

主不可以怒而兴师，将不可以愠而致战。合于利而动，不合于利而止。怒可以复喜，愠可以复悦，亡国不可以复存，死者不可以复生。故明君慎之，良将警之，此安国全军之道也。

【注　释】

[1] 火人：火，作动词用，意为烧火、放火。人，此指人马。火人，放火焚烧敌军的人马。
[2] 火积：积，积蓄、积藏，这里指积藏的军用粮草。火积，放火焚烧敌军积藏的粮草。
[3] 火辎：辎，辎重，包括武器、兵车等各种军用器械。火辎，放火焚烧敌军的各种军用物资。
[4] 月在箕、壁、翼、轸：月，星宿、星座。中国古代天文学家认为天空有二十八个星宿，这箕、壁、翼、轸就是其中的四个。月在箕、壁、翼、轸，这里指当月亮运行经过箕、壁、翼、轸这四个星座的日子。
[5] 必因五火之变而应之：因，依据。五火之变，这里指火人、火积、火辎、火库、火队五种火攻形式所引起的敌情变化。应，相应、策应。必因五火之变而应之，必须依据五种火攻形式所引起的敌情变化分别采取相应的配合措施。
[6] 火发于内：内，指敌军营内。火发于内，在敌军军营里放火。

[7] 早应之于外：早，提早。早应之于外，提前从外部策应。
[8] 火发而兵静者：兵，指敌军。火发而兵静者，火已燃起但敌军依然表现镇静。
[9] 待而勿攻：要耐心等待而不应急于进攻。
[10] 火发上风：上风相对于下风而言，指火焰起时，烟雾飞行的顺风方向。火发上风，在上风方向起了火。
[11] 凡军必知有五火之变：凡是用兵的人都必须懂得有五种火攻形式及其所引起的敌情变化。
[12] 以数守之：数，规律、法则，这里指气象变化的规律。以数守之，指按照气象变化的规律，等待火攻的时机。
[13] 以火佐攻者明：以火攻作为向敌人进攻的辅助方法效果很明显。
[14] 以水佐攻者强：用水攻的方法辅助进攻，就能使攻势大大增强。
[15] 水可以绝，不可以夺：水可以有效阻隔敌人，却不如火攻那样可以直接杀伤敌人，消弱敌军的实力。

【译 文】

孙子说：火攻形式共有五种，一是火烧敌军人马，二是焚烧敌军粮草，三是焚烧敌军辎重，四是焚烧敌军仓库，五是火烧敌军运输设施。实施火攻必须具备条件，火攻器材必须随时准备。放火要看准天时，起火要选好日子。天时是指气候干燥，日子是指月亮行经"箕""壁""翼""轸"四个星宿位置的时候。月亮经过这四个星宿的时候，就是起风的日子。

凡用火攻，必须根据五种火攻所引起的不同变化，灵活部署兵力策应。在敌营内部放火，就要及时派兵从外面策应。火已烧起而敌军依然保持镇静，就应等待，不可立即发起进攻。待火势旺盛后，再根据情况作出决定，可以进攻就进攻，不可进攻就停止。火可从外面放，这时就不必等待内应，只要适时放火就行。从上风放火时，不可从下风进攻。白天风刮久了，夜晚就容易停止。军队都必须掌握这五种火攻形式，等待条件具备时进行火攻。用火来辅助军队进攻，效果显著；用水来辅助军队进攻，攻势必能加强。水可以把敌军分割、隔绝，但却不能焚毁敌人的军需物资。

凡打了胜仗，攻取了土地城邑，而不能巩固战果的，会很危险，这种情况叫作"费留"。所以说，明智的国君要慎重地考虑这个问题，贤良的将帅要严肃地对待这个问题。没有好处不要行动，没有取胜的把握不能用兵，不到危急关头不要开战。国君不可因一时愤怒而发动战争，将帅不可因一时的气愤而出阵求战。符合国家利益才用兵，不符合国家利益就停止。愤怒还可以重新变为欢喜，气愤也可以重新转为高兴，但是国家灭亡了就不能复存，人死了也不能再生。所以，对待战争，明智的国君应该慎重，贤良的将帅应该警惕，这是安定国家和保全军队的基本道理。

【编者解读】

在中国古代战争史上，除了野战、城池攻守等常规战法外，还有形式多样的特殊战法，如荒漠战、夜战、雪战、水战、火攻，等等。这中间尤以火攻为人们所瞩目，上演过一幕幕惊心动魄的战争景观。

火攻在古代是威力最为强大的摧毁手段，是作战的重要方法之一。所谓"五兵之中，唯火最烈"。火攻一旦奏效，便会使敌方器械物资、城池营垒片刻化为乌有，三军人马瞬间毁伤殆尽，从而为纵火的一方主力进攻创造良好的作战态势。孙子所处的春秋时期属于冷兵器时代，使用的兵器主要是戈、戟、矛、弓等。锋刃相接，弓矢交射的作战形式主要靠的是力与力的直接对抗与较量，战胜敌人的一方往往也要付出相当的代价，人员、物资的消耗相对较大，战争效益相对较低。在这种条件下，火攻作为一种用力小而功效大的重要进攻方式，自然要引起当时兵家的高度重视，孙子在这方面也不例外。为此，他在《孙子兵法》中专辟一篇集中论述这一问题，内容包括了火攻的基本种类，实施火攻的条件和方法，兵攻与水攻的关系，等等，从而对春秋时期火攻作战经验作出了全面的总结。

孙子认为，以火助攻是提高军队战斗力，夺取作战胜利的重要作战样式，故曰"以火佐攻者明"。基于这样的认识，孙子把火攻归纳为五个大类，即火人、火积、火辎、火库、火队，它们几乎囊括了古代作战所涉及的各个重要方面，即从消灭敌人的肉体到摧毁敌人的后勤补给系统。接着，孙子论述了实施火攻的客观条件，指出进行火攻必须具备"发火有时，起火

"有日"的气象条件和"行火必有因,因必素具"的物质条件。孙子这样看问题,是有他的道理的。因为孙子所说的火攻与后世(火器时代)乃至当代(核武器时代)的火攻完全不同。在当时的条件下,火攻主要是利用松脂、艾草等易燃物因风纵火,借以造成敌方的伤亡和损失。它受到多种因素的制约,不能随时随地使用,只是一种特殊的辅助性进攻手段,所以必须先讲求有关的气候及物质条件。

火攻不是简单地用纵火之法去掠扰敌人,而必须按照一定的火攻战术来进行,其基本要领,就是使火攻与兵攻得到有效的结合,发挥最大的战斗能量。为此,孙子明确提出"必因五火之变而应之",即利用纵火所引起的敌情变化,采取不同的火攻战术,并及时以主力进行相应的配合策应,指挥部队发挥攻击,以扩大战果,奠定胜局。应该说,本篇所谈到的火攻战术原则,均是孙子对当时战争实践经验的总结。

除了重点论述火攻的对象、功能、作用以及具体战术外,孙子还提出了慎战修功、安国全军的重要思想。这也是值得我们予以充分重视的。在孙子看来,安定国家、保全军队是战争最根本的目的,一切都应该围绕这个中心来进行,所以他强调君主和将帅对待战争要慎重从事,指出国君不可以凭个人的好恶喜怒而贸然发动战争,将帅也不可以逞一时意气而轻率动武开打,无论是战是和,都必须以利益的大小或有无为依据,"非利不动,非得不用,非危不战""合于利而动,不合于利而止"。他认为这才是真正的"安国全军之道"。

经典战例

◎ 赤壁之战

孙子有关"火攻"问题的论述和"安国全军之道"原则的阐发,在后世的战争实践中也获得了有力的印证,三国时期的赤壁之战堪称这方面的典范。

赤壁大战爆发于公元208年。当时曹操统一了中原地区,踌躇满志,决心乘胜南下,完成统一全国的大业,于是发兵20余万,浩浩荡荡杀向长江一线。孙权与刘备两股势力,面临生死存亡的紧急关头,遂携手合作,联兵5万人,沿长江一带实施战略防御。

当时曹军人马虽多,但大多数是不习水性的北方人,加之水土不服,发生瘟疫,严重削弱了战斗力,于是把战船首尾连接起来,以求水营平稳。周瑜部将黄盖视情建议用火攻破敌,周瑜欣然采纳,并决定由黄盖致书曹操,诈示归降。

周瑜画像

到了约定受降的时间,黄盖率蒙冲斗舰多艘,满载干草,灌以油脂,巧加伪装,乘着东南风起,急向曹营驶去。曹军以为黄盖如约来降,毫无戒备。距曹营二里处,来船突然点火,像一支支利箭顺风射向曹营。曹军船只首尾相连,无法逃避,顷刻烧成一片火海,并蔓延至岸上陆军大营。曹军被烧得鬼哭狼嚎,烧死、溺死者不计其数。孙、刘联军主力乘机擂鼓跟进,穷追猛打,扩大战果,终于大败曹军,取得以少胜多、以弱胜强的辉煌战果。

赤壁之战作为我国历史上火攻的典型战例,充分体现了孙子"火攻"理论的精髓要义。孙、刘联军的取胜,关键在于他们贯彻了孙子"火攻"的基本原则。首先,他们充分做好了实施火攻的准备,即预备了火攻器材干草油脂和用于突击的蒙冲等物,这就是所谓"行火必有因,因必素具"。其次,他们也做到了"发火有时,起火有日",即充分利用东南风大起的机会,及时地放火焚烧曹军的战船与大营。最后,正如孙子所说:"火发于内,则早应之于外。"周瑜、刘备等人在实施火攻袭击成功的情况下,不失时机地率领主力舰队横渡长江,乘敌人混乱不堪之际,奋勇攻击曹军,从而扩大了战果,赢得了最后的胜利。

孙、刘联军在赤壁之战中的突出表现,证明了他们的统帅不愧为谙熟"以火佐攻""五火之变,以数守之"这一火攻原则的卓越代表,也反映了孙子"火攻"战术思想在冷兵器时代的深远影响。

◈ 鄱阳湖之战

鄱阳湖之战又称鄱阳湖水战、鄱阳湖大战,是元朝末年朱元璋和陈友谅为争夺鄱阳湖水域而进行的一次战略决战。此战创造了中国水战史上以少胜多的著名战例,为朱元璋统一江南奠定了基础。

公元1360年七月二十日,陈友谅军和朱元璋军在康郎山(今江西鄱阳湖内)湖面遭遇。时陈军巨舰联结布阵,展开数十里,"望之如山",气势夺人。朱元璋针对其巨舰首尾连接,不利进退,将己方舰船分为20队,每队都配备大小火炮、火铳、火箭、火蒺藜、大小火枪、神机箭和弓弩,下令各队接近敌舰时,先发火器,次用弓弩,靠近敌舰时再用短兵器进行格斗。

朱元璋画像

次日，双方展开激战。朱军大将徐达身先士卒，率舰队勇猛冲击，击败陈军前锋，毙敌 1500 人，缴获巨舰一艘。俞通海乘风发炮，焚毁陈军 20 余艘舰船，陈军被杀和淹死者甚众。但朱军伤亡也不少，尤其是朱元璋座舰搁浅被围，险遭不测。战斗呈胶着状态。从早晨至日暮，双方鸣金收兵，战斗告一段落，双方互有伤亡，不分胜负。

七月二十二日，朱元璋亲自率领水师出战。但陈舰巨大，朱军舰小只能仰攻，接连受挫。这时朱元璋及时采纳了部将郭兴的建议，决定改用火攻破敌。黄昏时分湖面上吹起东北风，朱元璋选择勇敢士兵驾驶 7 艘渔船，船上装满火药柴薪，迫近敌舰，顺风放火，风急火烈，迅速蔓延。一时烈焰飞腾，湖水尽赤，转瞬之间烧毁陈军数百艘巨舰，陈军死伤过半，陈友谅的两个兄弟及大将陈普略均被烧死。朱元璋挥军乘势发起猛攻，又毙敌 2000 余人。

七月二十三日，双方又有交锋，陈友谅瞅准朱元璋旗舰展开猛攻。朱元璋刚刚移往他舰，原舰便被陈军击碎。

七月二十四日，俞通海等人率领 6 艘舰船突入陈军舰队，勇敢驰骋，势如游龙，如入无人之境。朱军士气大振，发起猛烈攻击。最后，陈军不支败退，遗弃的旗鼓器仗，浮蔽湖面。陈友谅只得收拢残部，转为防御，不敢再战。当天晚上，朱元璋乘胜进扼左蠡（今江西都昌西北），控制江水上游，陈友谅亦退保诸矶（今江西星子南）。两军相持3天，陈军屡战屡败，形势渐趋不利。陈友谅两员大将见大势已去，于是投降了朱元璋，陈军内部军心动摇，力量更加削弱。陈友谅又气又恼，下令把抓到的俘虏全部杀掉以泄愤。而朱元璋却反其道而行之，将俘虏全部送还，并悼死医伤，瓦解陈军士气，从而大得人心。陈军内部分崩离析，士气更加低落。朱元璋判断陈军可能突围退入长江，乃移军湖口，在长江南北两岸设置木栅，置大舟火筏于江中，又派兵夺取蕲州、兴国，控制长江上游，堵敌归路，待机歼敌。

经过一个多月的对峙，陈友谅被困湖中，军粮殆尽，计穷力竭。于是孤注一掷，冒死突围。

八月二十六日，由南湖嘴突围，企图进入长江退回武昌。行至江西湖口时，朱军以舟师、火筏四面猛攻，陈军无法前进，复走泾江，又遭傅友德伏兵阻击，左冲右突，打不开生路，陈友谅中箭而死，军队溃败，5万余人投降。

鄱阳湖之战与赤壁之战有很多相似之处。从兵力方面来说，最后的结局都是兵力较少的一方获得了胜利，鄱阳湖之战中朱元璋本来是不占优势的，因为他的兵力相对较少，而且不擅长水上作战，但最后却凭借着智谋获得了胜利。而在赤壁之战中周瑜以相似的方式战胜了曹操。从作战方式来说，两场战役都是在水上作战中使用火攻，这是非常少见的。

里根竞选总统

1980年，美国总统竞选的决战是在民主党候选人吉米·卡特与共和党候选人罗纳德·里根之间进行的,由于二人当时的实力旗鼓相当,二人便展开了美国竞选史上最激烈的争夺战。

竞争期间,卡特是已经从政4年的在职总统,但政绩不是很突出,并且内政方面的问题不能令人满意,国内通货膨胀加剧,失业人数大幅度增加。人们对这些有关国计民生的问题非常不满,怨声连天。而里根正好抓住了卡特这些把柄,集中火力攻击卡特经济政策失误,并高调地宣称他要扫除"卡特大萧条"。而这时的卡特也没有停歇,他抓住广大民众关心战争与和平问题,谴责里根增加防务开支的主张是好战之举。卡特与里根就这样唇枪舌剑,拳来脚往,一直难决高下。

罗纳德·里根

在20世纪80年代,美国的广播、电视、报纸等大众传播媒介对人们具有极为广泛的影响。一个人的形象,在美国民众的心中通常占有重要位置,有时甚至直接决定了选民投谁一票。因此在竞选总统时,与其说是在选择候选人的政策纲领,倒不如说是在品味候选人的性格、精力、智慧、风度。从这一方面讲,里根占据了得天独厚的优势,因为他曾是好莱坞的影星,其形象及表现力都比较出色。

在里根被选上共和党总统候选人之后，当年在好莱坞演过的电影一下子成了热门电影，美国各地影剧院、电视台都在争着放里根演的电影。这股里根影视热风，不得不说是替里根做了一次绝好的宣传。人们从他的影视作品中看到，当年的里根英俊潇洒、精明强干，而现在他仍然干劲十足、生机勃勃，还有着跟以前一样的风度。这给人们留下了一个很好的印象。

在里根影视风兴起期间，里根还借电视媒体向观众极力展示自己的风采。在与卡特的电视辩论中，里根能言善辩、妙语连珠，相比之下，卡特则呆板迟钝、结结巴巴。因此在投票之前关键性的一场电视辩论后，民意测验的结果显示，有 67% 的人支持里根，而支持卡特的人只有 30%。

吉米·卡特

1980 年 11 月 4 日，竞选结果被公布，里根以绝对优势大获全胜。卡特本身就因失业人数猛增等原因，后院起火又赶上与里根争夺总统之位，好莱坞电影之火终于把他"烧"得遍体鳞伤、"无颜见人",从此退出了政治舞台。

　　正如孙子所说:"以火佐攻者明,以水佐攻者强。"其实万事万物都是相通的,不仅水、火,很多东西都是可以借助的。里根之所以在竞选中战胜卡特,很大程度上是因为他善于利用好莱坞电影这把"猛火"。

第13章 用间篇

用间篇是《孙子兵法》的第十三篇,主要论述使用间谍侦察敌情在作战中的重要意义,并论述了间谍的种类和使用间谍的方法。

【原　文】

孙子曰：凡兴师十万，出征千里，百姓之费[1]，公家之奉，日费千金；内外骚动[2]，怠于道路[3]，不得操事[4]者七十万家[5]。相守数年[6]，以争一日之胜，而爱爵禄百金[7]，不知敌之情者，不仁之至也，非人之将也[8]，非主之佐也，非胜之主[9]也。故明君贤将，所以动而胜人，成功出于众者，先知也。先知者，不可取于鬼神[10]，不可象于事[11]，不可验于度[12]，必取于人，知敌之情者也。

故用间有五：有乡间，有内间，有反间，有死间，有生间。五间俱起，莫知其道[13]，是谓神纪，人君之宝[14]也。乡间者，因其乡人而用之[15]；内间者，因其官人而用之[16]；反间者，因其敌间而用之[17]；死间者，为诳事于外[18]，令吾间知之，而传于敌间也；生间者，反报也。

故三军之事，莫亲于间，赏莫厚于间，事莫密于间。非圣智不能用间，非仁义不能使间，非微妙不能得间之实。微哉微哉！无所不用间也。

间事未发而先闻者，间与所告者皆死。凡军之所欲击，城之所欲攻，人之所欲杀，必先知其守将、左右、谒者、门者、舍人之姓名[19]，令吾间必索知之。必索敌人之间来间我者[20]，因而利之[21]，导而舍之[22]，故反间可得而用也。因是而知之[23]，故乡间、内间可得而使也；因是而知之，故死间为诳事，可使告敌；因是而知之，故生间可使如期[24]。五间之事，主必知之，知之必在于反间[25]，故反间不可不厚也。

昔殷之兴也[26]，伊挚在夏[27]；周之兴也，吕牙在殷[28]。故惟明君贤将，能以上智为间者[29]，必成大功。此兵之要，三军之所恃而动也。

【注　释】

[1] 百姓之费：民众百姓的消耗。
[2] 内外骚动：全国上上下下，每家每户里里外外骚动不安。
[3] 怠于道路：老百姓因长途辗转运送军费物资疲劳不堪。
[4] 操事：这里指操持农事。
[5] 七十万家：按曹操、李筌注，古代制度是一家从军，需要七家负担运输国粮等各种劳役。
[6] 相守数年：指与敌军对峙数年。

[7] 爱爵禄百金：吝惜赏给人们以官位、俸禄和钱财。
[8] 非人之将也：人，这里指用人。非人之将，指不懂用人的将领。
[9] 非胜之主：不是能主宰胜负的人。
[10] 不可取于鬼神：不能从相信鬼神的迷信活动中了解到敌情。
[11] 不可象于事：象，比推、类比。不可象于事，不可能用对等相似事物的类比中去推想出敌情。
[12] 不可验于度：不可以用于主观机械的计度去体验所获得的敌情是否准确。
[13] 莫知其道：不知道究竟是怎样泄露了军事机密。
[14] 人君之宝：君主在战争中，用以克敌制胜的法宝。
[15] 因其乡人而用之：利用故乡的人做我的间谍。
[16] 因其官人而用之：利用敌方为官者或他们的子孙做我方的间谍。
[17] 因其敌间而用之：收买利用敌方的间谍做我方的间谍。
[18] 为诳事于外：在外面散布谣言或虚假情报。
[19] 必先知其守将、左右、谒者、门者、舍人之姓名：必须先探知敌方主将以及他的幕僚亲信、负责通报和传令的官吏、卫士以及勤务人员的姓名。
[20] 必索敌人之间来间我者：一定要搜索到敌方派到我方从事间谍活动的人。
[21] 因而利之：按杜佑注，此指给以重金收买。
[22] 导而舍之：对被我方搜索到的敌方间谍经过开导后，给予任务，将其放走。
[23] 因是而知之：是，指反间提供的情报。因是而知之，从反间提供的情报而知道军事机密。
[24] 生间可使如期：生间，能活着回来报告敌情的间谍。如期，按期。生间可使如期，生间可以使他们按期回来报告敌情。
[25] 知之必在于反间：要掌握五种间谍活动的情况，都可以依靠反间的作用。
[26] 殷之兴也：殷商的兴起。
[27] 伊挚在夏：伊挚，指伊尹，原为夏桀的大臣，后来归附商汤为相，在灭夏的过程中发挥了很大的作用。
[28] 吕牙在殷：吕牙，指姜尚，又名姜子牙，原是商纣时期的隐士，后归附于周武王。
[29] 以上智为间者：用智慧高超的人做间谍。

【译　文】

孙子说：凡兴兵十万，征战千里，百姓的耗费，国家的开支，每天都要花费千金，前后方动乱不安，戍卒疲惫地在路上奔波，不能从事正常生产的有七十万家。这样相持数年，就是为了决胜于一旦，如果吝惜爵禄和金钱，不肯重用间谍，因为不能掌握敌情而导致失败，那就是不仁到极点了。这种人不配做军队的统帅，算不上国家的辅佐，也不是胜利的主宰。所以，明君和贤将之所以一出兵就能战胜敌人，功业超越众人，就在于能预先掌握敌情。要事先了解敌情，不可求神问鬼，也不可用相似的现象作类比推测，不可用日月星辰运行的位置去验证，一定要取之于人，从那些熟悉敌情的人的口中去获取。

间谍的运用有五种，即乡间、内间、反间、死间、生间。五种间谍同时用起来，使敌人无从捉摸我用间的规律，这是使用间谍神妙莫测的方法，也正是国君克敌制胜的法宝。所谓乡间，是指利用敌人的同乡做间谍；所谓内间，就是利用敌方官吏做间谍；所谓反间，就是使敌方间谍为我所用；所谓死间，是指制造散布假情报，通过我方间谍将假情报传给敌间，诱使敌人上当，一旦真情败露，我间难免一死；所谓生间，就是侦察后能活着回来报告敌情的人。所以在军队中，没有比间谍更亲近的人，没有比间谍更为优厚奖赏的，没有比间谍更为秘密的事情了。不是睿智超群的人不能使用间谍，不是仁慈慷慨的人不能指使间谍，不是谋虑精细的人不能得到间谍提供的真实情报。微妙啊，微妙！无时无处不可以使用间谍。间谍的工作还未开展，而已泄露出去的，那么间谍和了解内情的人都要处死。凡是要攻打的敌方军队，要攻占的敌方城市，要刺杀的敌方人员，都须预先了解其主管将领、左右亲信、负责传达的官员、守门官吏和门客幕僚的姓名，指令我方间谍一定要将这些情况侦察清楚。

一定要搜查出敌方派来侦察我方军情的间谍，从而用重金收买他，引诱开导他，然后再放他回去，这样，反间就可以为我所用了。通过反间了解敌情，乡间、内间也就可以利用起来了。通过反间了解敌情，就能使死间传播假情报给敌人了。通过反间了解敌情，就能使生间按预定时间报告敌情了。五种间谍的使用，国君都必须了解掌握。了解情况的关键在于使用反间，所以对反间不可不给予优厚的待遇。

从前殷商的兴起，在于重用了在夏朝为臣的伊挚，他熟悉并了解夏朝的情况；周朝的兴起，是由于周武王重用了了解商朝情况的吕牙。所以，明智的国君，贤能的将帅，能用智慧高超的人充当间谍，就一定能建树大功。这是用兵的关键，整个军队都要依靠间谍提供的敌情来决定军事行动。

【编者解读】

本篇是《孙子兵法》全书中最后一篇，主要论述在战争活动中使用间谍以侦知、掌握敌情的重要性，以及间谍的种类划分、基本特点、使用方式，等等。我们知道，"知彼知己，百战不殆"以及"知彼知己，胜乃不殆；知天知地，胜乃不穷"，作为一条基本的思想主线，贯穿于《孙子兵法》十三篇之中，而本篇正是从论述战争中如何使用间谍及使用间谍的重要作用的角度，体现了"知彼"的那一面，即在战前和战争过程中对敌方进行详细而周密的调查研究，从而掌握敌人的虚实、方略和部署，在此基础上有针对性地制订出正确的作战方案。

第一，从战略的高度，强调用间以掌握第一手的敌情材料的重要性。孙子主张，作为胜利的主宰者应当"先知"，即预先掌握敌情，做到"知彼知己"；而要"知彼"，即所谓"知敌之情实"，最为重要的手段之一，就是用间。在孙子眼中，用间是具有战略意义的工作，"故惟明君贤将，能以上智为间，必成大功"。"此兵之要，三军之所恃而动也。"这里，我们认为孙子重视用间的思想有三大时代特色值得引起注意和充分肯定。一是孙子的用间观乃是其战争效益理论的体现，即他提倡用间是因为他核计战争成本后的必然选择。因为孙子认为同战争的巨大耗费相比，用间实在是代价小而收效大的好办法，故必须充分运用。反之，如果因为爱惜爵禄而不使用间谍，盲目行动，导致战争的失败，那才是十足的罪人。二是孙子的用间观是对"军礼"传统的勇敢挑战。在"军礼"传统的氛围下，用间被视为是不道德的行为而遭到贬斥。孙子认为这种"仁义"是违背军事斗争的一般规律的，是真正的不仁义，所以他鲜明主张用间，为用间正名，为胜利呐喊。三是孙子的用间观是对卜筮占验迷信预测的反叛。孙子生活的时代，上古三代流传下来的卜筮占验之风依然很盛行，人们往往依据卜筮的结果择定作战日期，判断胜负之数，孙子坚决反对这种做法，"先知者，不可取于鬼神，不可象于事，不可验于度"，指出正确的方法应该是"必取于人，知敌之情者也"。这实际上是突出强调在掌握敌情上人的主观能动作用，充满了朴素的唯物精神，摆脱了当时笼罩在兵学思想界的神怪诡谲迷雾，实为难能可贵。

第二，系统全面地阐述了使用间谍的一般原则和具体方法。孙子对间谍的种类进行了比较准确的划分。孙子将用间活动分成五大类，第一种叫因间，又叫乡间，主要是利用敌方的同乡亲友关系打入敌人内部。第二种为内间，即罗致收买敌方的官员为间谍，通过他们收集高度机密的情报。第三种为反间，就是使敌人的间谍自觉不自觉地为我方所利用，从而达到扰乱敌人视听，收集情报的目的。第四种为死间，就是故意泄露虚假情报，牺牲己方间谍以诱使敌人上当受骗。第五种为生间，就是让己方间谍在完成任务之后，能够平安返回报告敌情。应当说，"五间"的划分是相当合理和准确的，综观古今中外著名的间谍活动，多不超出因间、内间、反间的范围。在指出"五间"的不同特点和功用的同时，孙子进而主张"五间俱起"，而以"反间"为主，广开情报来源，动员各种类型的间谍运用各种手段窃取敌人的情报，使敌人的反间谍机构"莫知其道"，陷入一筹莫展的困难境地。

第三，系统地提出了用间的三项基本原则，这就是所谓"三军之事，莫亲于间，赏莫厚于间，事莫密于间"。其核心精神是怎样保障用间行动的成功。间谍活动既然直接关系着战争的成败，那么就必须以最大的努力去做好它，而要做好用间工作，真正体现用间的价值，关键又在于在用间过程中严格保密，使敌人无法了解和掌握我方的用间规律。所以，孙子认为用间的成功与否，取决于高度保密、毫不泄露事机，"事莫密于间"。正因为要高度保密，所以间谍的人选不能不是将帅的亲近心腹，使为将者能够控制他们，而同时他们也甘于服从军队利益、效忠于将帅本人，于是用间的定位就只能是"三军之事，莫亲于间"了。由于间谍工作带有极大的风险性，随时有被捕乃至牺牲的可能性，为了鼓励人们从事这一危险的工作，严守机密，默默奉献，实有必要在物质上对他们予以最优厚的补偿，以报答他们为国家、为军队所作出的重大贡献，于是便有了"赏莫厚于间"这一原则的确立。可见，孙子的用间三原则是一个完整的思路，三者缺一不可，互为关系，互为补充，这充分反映了孙子用间基本理论的缜密性和系统性。

第四，孙子提出了用间的必要条件，推崇智慧在用间活动中的重要作用。在孙子看来，用间是必须具备一定条件的，这就是"圣智""仁义"和"微妙"。前两者决定着能否高明地动员和驱使间谍不遗余力地去执行并完成任务；后者则是决定着军事统帅能否睿智地甄别间谍所提供的情报之可靠真实程度，去伪存真，去芜存精，而不至于让敌人用反间计来愚弄自己，发生判断上的失误。为此，孙子强调，"非圣智不能用间，非仁义不能使间，非微妙不能得间之实"，并把它们看作正确发挥"用间"威力的重要保证。这表明孙子的用间思想完全建立在睿智善谋的基础之上，高度成熟，超越时空。

陈平离间项羽君臣

汉朝的开国谋士陈平从小就是一个父母双亡的孤儿，他跟着自己的兄嫂过日子，哥哥发现他很喜欢读书，就让他去私塾中学习。

陈平画像

陈平长大后,天下正处于一片混乱中。陈平所居住的武阳最接近的地方是下相,而下相正是项羽叔侄起义的地方,于是他就携带家眷投奔了项羽。在楚军之中,陈平只担任了一个行走秘书的职责,项羽虽然是一个豪杰,却没有发现陈平的才能,因为一点儿小事就要杀他。陈平非常担心自己死在项羽刀下,便连夜逃走,投奔了刘邦。

刘邦对陈平非常器重,让他跟随在张良左右,给萧何、曹参等人做助手。虽然身兼数职,但陈平感念刘邦对自己的恩情,非常卖力地帮助刘邦。

楚汉相争之时,项羽意识到粮草对自己的重要性,所以不再攻击刘邦的城池,而是一味地抢夺汉军从荥阳送来的粮草。汉军的粮草不断被楚军抢走,让刘邦和谋臣们都非常头疼,但又无计可施。刘邦便想到了议和的策略,希望能够以荥阳为界,将天下一分为二,和项羽各自为王。但是这个提议并没有获得项羽的同意。

内外交困之时,刘邦想到了陈平,便向他请教。陈平对刘邦说:"项羽这个人,为人猜忌信谗,他最得力的助手就是亚父范增和钟离昧等人。可是每一次奖赏功臣的时候,项羽都舍不得爵位和封地,所以很多人不愿意为他卖命。如果大王舍得几万金,我就可以施展反间计,让他们君臣之间产生嫌隙,上下疑心,引起内讧。到那个时候我们就可以趁机反攻,最后将楚军击败了。"刘邦对于陈平的计策非常赞同,当即就给了他四万金。

利用手中的黄金,陈平收买了楚军的将士,让他们散布流言。一时之间,楚军之中流言四起,人人都在传说钟离昧等大将辛苦了这么久,却没有享受到该有的待遇,楚王要是再不奖赏他们,恐怕这些大将都要投奔汉王了。谣言传到了钟离昧的耳中,他们固然不信;但是项羽听到之后,却心生疑窦。从此,项羽将钟离昧等人排除在军机大事商议会议之外,就连范增都开始被怀疑。为了确认这些信息是否是真的,他便派遣了使者去汉营中探查。

刘邦听说项羽的使者要来,忙将这个消息告诉了陈平。当楚营的使者来到汉营的时候,陈平便故意拿出丰盛的食物来款待他们,可是见到使者的时候,他又故意作出一副惊讶的样子,低声和旁边的人议论道:"本来以为是亚父范增的使者,没想到是楚王的使者。"说完,还让侍者将食物都收起来,只送上了粗茶淡饭。

受到这样的侮辱,使者非常气愤,将此事详细汇报给项羽。项羽听完,心中的疑云也越来越重。范增根本不知道项羽已经开始怀疑自己,还忠心耿耿地为他出谋划策,数次劝说项羽赶紧夺取荥阳。可是项羽再也不相信范增，不断冷落他，范增发现之后感到非常气愤，他悲愤地说："看来天下的格局已经可以确定了，请大王好自为之，我请求告老还乡。"

听了范增的话，项羽不仅没有悔悟，反而很高兴地顺水推舟，答应了范增的要求。范增只好唉声叹气地离开了。在归乡的途中，他背上生出一个痈疽，未等回到故乡彭城就一病死去。直到此时，项羽才发现自己中了陈平的反间计，但是一切都已经晚了。

范增死去之后，项羽如同一只无头苍蝇，一直不知道自己该往哪个方向进攻，争霸的事业也开始走下坡路了。没用多久，刘邦就夺取了项羽的很多领地，最终逼得他四面楚歌，在乌江自刎。

对于自己的下属，一旦选择就不能怀疑。俗话说：疑心生暗鬼。项羽的本性之中便有猜忌的缺点，而陈平正是利用他的这个缺点，让项羽心中生出了暗鬼，对自己最得力的助手不再信任，这是项羽开始走向失败的第一步。巧施离间计之后，陈平除掉了范增和钟离眛，让楚汉之间的实力出现了翻天覆地的改变，也最终促成了刘邦一统天下的大业。

◉ 韦孝宽计除斛律光

斛律光（515—572）是北齐第一名将，字明月，朔州（今山西朔县）人，高车族（也称敕勒族），是北齐丞相斛律金之子。《北齐书·斛律光列传》记载，斛律光年少时以精于骑射、武艺高超知名，号称"落雕都督"（有过弯弓射巨雕的经历）。他寡言少语，性情刚烈，严于治军，"自结发从戎，未尝失律，深为邻敌所慑惮"。他骁勇善战，戎马一生鲜有败绩，多次击败北周军队，以功封咸阳王，任左丞相。能征惯战的北周名将韦孝宽在与斛律光的对阵中，从未占到半点便宜。

公元569年（北周天和四年），斛律光自平阳进抵汾北，筑华谷、龙门（今山西河津西）二城，与韦孝宽对峙。韦孝宽自玉壁城（今陕西稷山县）发动攻击，又一次被斛律光击败。善于"用间"的韦孝宽针对北齐皇帝昏庸、奸臣当道、内忧不断的混乱局面，开始实施他的离间计划。他命人编造了歌谣，并让人向齐境内传播。其一是"百升飞上天，明月照长安"。"百升"就是一斛（古代计量单位），"明月"指斛律光（字明月），歌谣的意思是说"斛律金将要做天子"。其二是"高山不推自崩，槲树不扶自竖"，意思是说"高氏（北齐王室）将要灭亡，斛律氏将要取代他们"。

北齐权臣祖珽一向与斛律光不和，又趁机续了两句："盲眼老公背上下大斧，饶舌老母不得语。"并让小孩儿在国都邺城传唱。这"盲眼老公"指的是祖珽，他曾经得罪齐主高湛，被囚期间熏瞎了眼睛。"饶舌老母"指陆令萱，是齐后主高纬的乳母，与她的儿子穆提婆权倾一时，常为斛律光所不齿。斛律家族世代为将，是北齐的国之栋梁。祖珽担心自己实力不济，便拉上陆令萱母子一起使劲。这些当道奸臣在齐帝面前诬陷他："斛律累世大将，明月声震关西，丰乐威行突厥，女为皇后，男尚公主，谣言甚可畏也"（《北齐书·斛律光列传》）。"丰乐"指斛律光之兄斛律羡，他字丰乐，也是北齐名将，曾打得突厥人"年年进贡"。

齐后主本就是个无道昏君，哪里经得起这般挑唆。公元572年七月，齐后主高纬听信谗言，将斛律光诱杀，时年58岁。他的亲族也被残杀。史载周武帝宇文邕得知斛律光被杀的消息以后，下令大赦天下以示庆贺。公元573年五月，高纬又鸩杀了自己的亲哥哥，英勇善战的兰陵王高长恭，从此北齐再无良将。公元577年，北周灭北齐。

宇文邕画像

古为今用

⊕ 巧克力间谍战

巧克力起源于墨西哥,那里生长着根深叶茂、果实累累的可可树。古代的印第安人把可可果磨成粉,与玉米粉、辣椒粉掺在一起,制成略带苦涩味的面糊作为日常食品。

墨西哥人十分珍惜可可树,且世世代代都喜欢种植可可树,并称之为"生命树"。到了14世纪,墨西哥人在可可粉里加进糖、香草等调料,配制成一种甜美可口的硬糖,这就是巧克力的雏形。其中有些品种出自名匠之手,做工非常考究,富有营养价值,味道极好,故成为墨西哥王公贵族的专用美食,国王经常把它赏赐给有功之臣。

后来,一些西班牙商人怀着好奇心,把墨西哥的巧克力带回了国内,这样,很快就使巧克力在西班牙全国风行起来。

可可树的树叶和核果

1519年,一个名叫勒戈的西班牙骑士远涉重洋来到墨西哥。他长得英俊潇洒,态度和蔼可亲,很快就博得了热情好客、淳朴善良的印第安人的好感。勒戈非常聪明好学,没用多长时间就学会了印第安人的土语和生活方式,并与他们相处得很融洽。虽然勒戈知道了墨西哥人把可可果制作成巧克力的基本过程,但由于当地各个工坊里的配方都是世代相传,对外严守秘密,所以他一直未能得到巧克力配方。

后来,有一次偶然的机遇使勒戈意外地得到了配方。有一个年事已高、体弱多病的印第安人部落首领患了肺炎,由于得到了勒戈的及时诊治和照料,很快就痊愈了。其实,勒戈并不懂得行医,他只不过是让这名首领服用了几片当时欧洲人制作的抗菌药而已。也许是为了感激勒戈的救命之恩,或许是经不住勒戈的苦苦相求,这个老首领竟然破例同意了勒戈到当地一家巧克力工坊去做工。殊不知,勒戈却是一名受西班牙大商人重金聘用、专门来墨西哥刺探制作巧克力秘密的间谍。

勒戈在墨西哥的工坊里当了一年多的特殊学徒,终于掌握了巧克力的全部制作工艺,最后兴高采烈地返回了西班牙。

西班牙人学会了生产巧克力的技术后,制作巧克力的工坊像雨后春笋般建立了起来,很快就成为西班牙一项新兴的食品支柱产业。

进入17世纪后,巧克力已成了欧洲不少国家的日常食品,而西班牙几乎垄断了巧克力的整个生产,其他国家的商人只能用大量的金钱去西班牙贩进巧克力。17世纪初,以狡诈著称的意大利威尼斯商人,不惜重金,收买了西班牙的一些工匠与技师,从而窃取了制作巧克力的秘方,使意大利成为欧洲第二个能够生产巧克力的国家。

面对巧克力市场的巨大诱惑,精明的英国人不断派遣经济间谍去西班牙窃取制作巧克力的配方。但由于西班牙政府十分重视巧克力的生产,并制定了严格的行业法规、公约,生产商们也对制作巧克力的各种配方始终保守秘密,因而英国人始终没有得逞。

英国人直到18世纪60年代工业革命时,才掌握了巧克力的生产工艺。此时,英国人凭借先进的技术设备、雄厚的资金,大胆革新,创造出了名牌奶油巧克力,并很快畅销欧美各国。从此,英国一跃成为当时世界上的"巧克力王国"。

大约过了40年,瑞士派遣间谍打入英国企业界,窃取了生产巧克力的秘方,不仅打破了英国对奶油巧克力的垄断,而且异军突起,取代了英国的"巧克力王国"地位。

从古至今，欧美一些国家围绕着巧克力生产而展开的间谍战与贸易战，几乎从未停止过。

瑞士的巧克力王国地位一直保持到今天，200年来，瑞士的巧克力企业家们不知战胜了多少其他欧洲国家强有力的竞争者，不知挫败了多少外国巧克力间谍的阴谋诡计。

现在，瑞士仍然是世界上最大的巧克力输出国，每年都要向100多个国家和地区销售40万吨左右的巧克力。瑞士人堪称吃巧克力的世界冠军，据统计，每个瑞士人一年要消费巧克力10～15千克。瑞士政府还颁布了一系列严守巧克力生产秘密的法律，并明文规定：凡是出卖巧克力的经济情报与生产技术，便是泄露国家绝对机密，将以叛国罪论处。瑞士的国家安全部门对其他国家派遣来的巧克力间谍也防范森严。

事实证明，只要人们还爱吃巧克力，世界上围绕巧克力的间谍战就永远不会停息。

参考文献

[1] 黄朴民. 孙子兵法 [M]. 合肥：安徽文艺出版社，2021.
[2] 华杉. 华杉讲透孙子兵法 [M]. 南京：江苏文艺出版社，2015.
[3] 刘智. 孙子兵法 [M]. 长春：吉林美术出版社，2015.
[4] 古棣. 孙子兵法大辞典 [M]. 上海：上海辞书出版社，2015.
[5] 贝文·亚历山大. 孙子兵法与世界近现代战争 [M]. 北京：新华出版社，2014.
[6] 雅瑟. 孙子兵法大全集 [M]. 北京：新世界出版社，2011.